*Frohe Weihnachten*

# Ein Wunschzettel voller Bücher

## Weihnachtsgeschichten für alle, die das Lesen lieben

*Herausgegeben von*
*Aleksia Sidney*

OKTOPUS

*Für den Blick hinter die Verlagskulissen:*
*www.kampaverlag.ch/newsletter*

*Ein Oktopus Buch bei Kampa*

Copyright © 2022 by Kampa Verlag AG, Zürich
www.kampaverlag.ch
www.oktopusverlag.ch
Covergestaltung: Lara Flues, Kampa Verlag
Covermotiv: Victor Cavazzoni © Kampa Verlag
Satz: Lara Flues, Kampa Verlag
Gesetzt aus der Stempel Garamond LT / 220140
Druck und Bindung: GGP Media GmbH, Pößneck
Auch als E-Book erhältlich
ISBN 978 3 311 30036 6

# Inhalt

»*Man kann nie genug Socken haben*«,
sagte Dumbledore. »*Wieder einmal ist ein Weihnachtsfest vergangen, ohne dass ich ein einziges Paar
Socken bekommen habe. Die Leute meinen dauernd,
sie müssten mir Bücher schenken.*«

Professor Dumbledore in
*Harry Potter und der Stein der Weisen*

# Petra Hartlieb

## *Weihnachten in der wundervollen Buchhandlung*

Unser größtes Problem im Weihnachtsgeschäft: Wir machen zu viel Umsatz auf zu wenigen Quadratmetern. Das heißt schlicht und einfach, dass wir an einem Tag so viele Bücher verkaufen, die wir nur ein- oder zweimal dahaben, dass wir immer sofort wieder nachbestellen müssen. Die drei Lieferanten bringen täglich mannshohe Türme, die dann, inklusive der Kundenbestellungen, übernommen und zugeordnet werden müssen. Wir versuchen das irgendwie tagsüber zu erledigen, doch immer wenn Oliver am Abend aus dem Büro nach Hause kommt, ist der Stapel nicht wirklich kleiner geworden. Er steht täglich bis weit nach Mitternacht im Hinterzimmer, hört Hörspiele von Thomas Mann oder Heimito von Doderer und packt Bücher aus. Ich habe das Privileg, meinen Arbeitstag um neunzehn Uhr zu beenden, denn ich muss am nächsten Tag wieder gut drauf sein, unzählige Geschichten erzählen und dabei Spaß haben. Diese Abende im Dezember sind die einzige Zeit im Jahr, in der ich glücklich bin über fünfunddreißig Fernsehprogramme, in denen nur Schwachsinn ausgestrahlt wird. Diese und ein paar Gläser Rotwein garantieren so halbwegs, dass ich ohne

Tinnitusgeräusch einschlafen kann und nicht dauernd überlege, für welche Kunden ich welches Buch zu bestellen vergessen habe.

Wenn uns zwanzig Menschen gegenüberstehen, die alle sofort drankommen möchten, keiner möchte warten, aber alle wollen individuelle Beratung, dann laufen wir zur Hochform auf, denn wenn wir den Humor verlören, würden wir uns sofort irgendwo verkriechen und auf der Stelle einschlafen. Die meisten Kunden sind geduldig, und auch wenn man warten muss, ist es bei uns nicht langweilig: Ganz unabhängig von den vielen Büchern, die man entdecken könnte, ohne sie gesucht zu haben, ist hier immer ein wenig Kino. Unser Geschäft ist kein sakraler Tempel der schönen Künste, sondern ein Platz, an dem laut gerufen und gelacht wird, wo wir uns Buchtitel über die Köpfe der Leute hinweg zurufen, nicht selten von der erhöhten Position auf der Leiter herab.

»Wo liegt denn die Nöstlinger?«

»Ist der *Bernsteinhase* schon wieder nachbestellt?«

»Hast du die Partie ergänzt von dem Millionärsbuch?«

»Gibt es noch einen signierten Kehlmann?«

»Weiß jemand, welcher Typ letzte Woche bei der Stöckl zum Frühstück war?«

Und wenn sich doch mal jemand beschwert, dass es so lange dauert bei uns, dann löst sich die Situation meist von selbst, wir müssen gar nichts sagen, denn dann beginnen die übrigen Kunden zu lachen und die Ungeduldigen sind die Angeschmierten. Nur manchmal wissen wir nicht, ob wir lachen oder weinen sollen, wenn sich jemand vor den Tresen stellt und sagt: »Ich hab gestern ein Buch bestellt. Ist es schon da?« Ohne Namen, ohne Buchtitel, einfach so. Bei ungefähr dreihundert Bestellungen am Tag könnte man sich das eigentlich schon merken, und manchmal ist auch jemand wirklich sauer, weil wir ein zwei Jahre altes Wirtschaftsbuch nicht lagernd haben. Die meisten jedoch sind begeistert, dass wir alles haben und fast alles finden, auch wenn es mitunter etwas dauert. Wenn das Warenwirtschaftssystem ein Exemplar im Bestand anzeigt und es nicht da steht, wo es stehen sollte, dann sucht die gesamte Belegschaft und nicht selten auch die Kunden, bis es gefunden ist. Meist findet es die jüngste Mitarbeiterin, von uns inzwischen »Trüffelschwein« genannt. Sie wirft einen Blick auf die Coverabbildung im Computer, klettert dann zielstrebig und meist schweigend auf die Leiter und zieht das gesuchte Buch aus dem Regal.

Und jedes Jahr am dreiundzwanzigsten Dezember falle ich fast auf die Knie vor lauter Glück, weil es so gut wie vorbei ist und wir das kleine Häuschen auf dem Land haben, in das wir nun immer am vierundzwanzigsten Dezember fahren. Abfahrt: 24. Dezember um 15 Uhr 22, Franz-Josefs-Bahnhof. Was für eine gute Entscheidung, dieses Haus zu erstehen, und was für eine gute Entscheidung, mit zwanzig einen Sohn zu bekommen, der inzwischen so groß ist, dass er wieder Lust hat, mit seinen Eltern Weihnachten zu feiern, und einen Führerschein besitzt. Das heißt, er packt am dreiundzwanzigsten Dezember seine kleine Schwester, den Hund, die Weihnachtsgeschenke, die Einkäufe und den Lesestoff für eine Woche in unseren Lieferwagen und fährt ins Weinviertel. Wir schließen am Abend des dreiundzwanzigsten Dezember den Laden ab, räumen notdürftig auf – das heißt, wir füllen die Lücken in den Regalen –, und dann gehen wir ins Restaurant zwei Straßen weiter zu unserem Freund Georg zum Essen. Wahrscheinlich ist das der glücklichste Tag im Jahr, nur merken wir es nicht, weil wir so fix und fertig sind. Wir essen richtig gut, trinken viel zu viel und gehen viel zu spät ins Bett, denn: Am nächsten Tag ist es vorbei! Die letzten fünf Stunden am Heiligen Abend sind geprägt vom großen »Alles-egal-Gefühl«. Es kommt keine Ware mehr an, das heißt, wir packen nichts aus. Und die Kunden, die jetzt noch kommen, sind demütig und bescheiden. Echte Verzweiflungstäter, die gar nicht davon ausgehen, dass sie ihr Wunschbuch noch bekommen. Also keine Rede von: »Wie, das haben Sie nicht lagernd?« oder »Bei Amazon würd ich es aber sofort bekommen.« Die Kunden am vierundzwanzigsten Dezember sind dankbar und kaufen alles, was da ist. Wollen sie ein Bergbuch, kann es passieren, dass sie mit einem Fahrradbuch dahinziehen, eine Biographie kann auch mal zum Kochbuch werden. Hauptsache, es ist in Weihnachtspapier eingewickelt. Um dreizehn Uhr sperren wir zu, die Mitarbeiter, die keine Kinder haben, also mit uns arbeiten mussten, stoßen einen lauten Schrei aus, wir fallen uns alle um den Hals, nachdem wir das Türschild auf *Geschlossen* gedreht haben. Eine Flasche Sekt wird geöffnet, kleine Geschenke werden verteilt, und dann wollen alle so rasch wie möglich den Ort verlassen, an dem sie während der letzten Wochen den Großteil ihrer Zeit verbracht haben. Oliver und ich rennen zum Bahnhof und versorgen uns beim Fast-Food-Restaurant mit Proviant und einem großen Becher Kaffee. Der Zug hat die Stadtgrenze noch nicht erreicht, da lehne ich bereits an der Schulter meines Mannes und schlafe.

Und am Bahnhof im Weinviertel stehen unsere Kinder und der Hund, und es ist kalt und fast schon dunkel, aber die Fenster des kleinen Hauses sind erleuchtet, und in beiden Öfen brennt ein Feuer. Als aufgeräumt kann man es nicht gerade bezeichnen, und der Christbaum ist nur vorn geschmückt, die Kinder hatten nicht so viel Zeit, schließlich mussten sie zwei Harry-Potter-Filme schauen. Zum Essen gibt es Lasagne, denn die kann mein Sohn wirklich gut. Ein Schläfchen auf dem Sofa, ausgedehnte Gassi-Runde, Bescherung, Essen, Spielen. Und alle fünf Minuten denke ich: Ich muss morgen nicht in den Laden. Ich muss morgen keine Romanhandlung nacherzählen. Ich muss morgen kein Geschenk verpacken. Ich bin der glücklichste Mensch auf der Welt.

# Astrid Rosenfeld

## *Das einbeinige Küken*

Gustav nahm das Telefon in die Hand: »Ich weiß, dass ihr da seid, ich kann euch riechen.«

Er war sich sicher, dass irgendwer bei der Telekom ihn hören würde, obwohl die Leitung seit vierzehn Tagen tot war. Er stellte sich vor, dass ein paar von diesen Telekom-Menschen in einem Raum saßen und zuhörten. Vielleicht, dachte Gustav, könnte das sogar eine Geschichte werden: *Der Raum der toten Leitungen.*

Als die schriftliche Kündigung kam, hatte er beim Servicecenter um Aufschub gebeten. Die Antwort auf sein Flehen war der Brief einer Inkassogesellschaft. Unterschrieben von Herrn Fegele. Herrn Fegele aus Schweinfurt. Gustav hatte mit dem Gedanken gespielt, nach Schweinfurt zu fahren, um dem Fegele zu sagen, dass er und seinesgleichen das Ende der Menschlichkeit wären. Doch das hätte dieser Pimmel sowieso nicht verstanden.

»Tschüss, ihr Monster«, brüllte Gustav in den Hörer, bevor er auflegte. Der Apparat stammte noch aus den achtziger Jahren. Aus Gustavs großer Zeit. Sein Debüt *Angsthase, Osterhase* hatte es auf die Bestsellerlisten geschafft und Gustav Hansen zum Star der Literaturszene gemacht. Nicht nur das Feuilleton feierte den damals dreißigjährigen Schriftsteller, seine Geschichten fanden ein breites Publikum. Gustavs Lesungen waren immer ausverkauft. Mädchen stürmten die Bühne. Umarmten und küssten den verwegen aussehenden Mann. Gustav genoss die Aufmerksamkeit. Während er den *Old Bushmills* leerte – die Veranstalter sorgten stets für zwei volle Whiskeyflaschen, das gehörte zu Gustavs Bedingungen –, erzählte er von seiner schizophrenen Mutter, von trunkenen Nächten. Von der Wut, die ihn wärmte.

»Authentisch« nannten Kritiker sein 300-Seiten-Debüt. »Komik und eine brutale Zärtlichkeit« attestierten sie dem Werk. Journalisten fürchteten und schätzten Gustav gleichermaßen. Seine Antworten waren knapp und unvorhersehbar. Die Zeitungen rissen sich damals um ein Hansen-Interview.

*Journalist:*
*Herr Hansen, haben Sie mit diesem Erfolg gerechnet?*

*Hansen:*
*Ja.*

*Journalist:*
*Also waren Sie sich ihrer Sache sicher?*

*Hansen:*
*Was ist das denn für eine beschissene Frage?*

*Journalist:*
*Die Platzierung auf den Bestsellerlisten hat Sie nicht überrascht?*

*Hansen:*
*Nein.*

*Journalist:*
*Nein?*

*Hansen:*
*Nein.*

*Journalist:*
*Also gut, kommen wir auf Ihr Buch zu sprechen. In* Angsthase, Osterhase *verarbeiten Sie Ihre Kindheit ...*

*Hansen:*
*Ich verarbeite überhaupt nichts. Ich schreibe.*

*Journalist:*
*Aber ich liege nicht falsch, wenn ich sage, dass Ihr Buch stark autobiographisch gefärbt ist.*

*Hansen:*
*Ist das denn wichtig?*

*Journalist:*
*Es hilft, Ihr Werk zu verstehen.*

*Hansen:*
*Nächstes Thema.*

*Journalist: Sie lieben das Ballett.*

*Hansen:*
*Ich liebe Tänzerinnen. Bei* Schwanensee *bekomme ich einen Ständer.*

*Journalist:*
*Frauen spielen eine große Rolle in Ihrem Leben.*

*Hansen:*
*Ich verehre sie. Und sie mögen mich.*

*Journalist:*
*Manche Frauen finden Ihre Äußerungen sexistisch.*

*Hansen:*
*Die hässlichen und die fettärschigen.*

*Journalist:*
*Wollten Sie schon immer Schriftsteller werden?*

*Hansen:*
*Nein.*

*Journalist:*
*Und wovon hat der junge Gustav Hansen geträumt?*

*Hansen:*
*Von Frauen.*

*Journalisten:*
*Das ist kein Beruf.*

*Hansen:*
*Richtig. Der junge Hansen träumte von den gleichen Dingen wie der ältere Hansen. Von Frauen. Von selbst gemachten Leberknödeln. Von einer unsterblichen Leber. Von einem Brunnen, aus dem Old Bushmills fließt. Nur dumme Pimmel träumen von Berufen.*

*Journalist:*
*Warum schreiben Sie?*

*Hansen:*
*Weil ich es kann.*

*Journalist:*
*Also darf man mit weiteren Büchern rechnen?*

*Hansen nickt.*

Gustav zog seine Schuhe an, verließ die Wohnung und klopfte an die Nachbarstür.

»Komm rein«, sagte die junge Frau.

Immer wenn er Mai-Lins Appartement betrat, wunderte er sich. Es wirkte viel größer, heller und schöner als seins, dabei waren die Wohnungen identisch geschnitten. Das hier war ein echtes Zuhause. Gustav ließ sich auf die Couch fallen.

»Chinesenmädchen, was riecht hier denn so?«, fragte er.

»Ich backe.«

»Hast du ein Bier?«

»Ich hab Lebkuchen.«

»Lebkuchen?«

»Morgen ist Weihnachten.«

»Habt ihr Chinesen denn auch Weihnachten?«

Sie lachte. »Du bist schrecklich, Gustav.«

»Kommt dein kleiner, dummer Freund morgen?«

»Ja, Felix kommt morgen.«

»Felix ist eine kleiner, dummer Junge.«

»Und du bist ein alter Mann.«

»Was ist denn jetzt mit dem Bier?«

Mai-Lin ging in die Küche. »Ich hab Wein«, rief sie.

»Auch gut.«

Mai-Lin kam mit zwei Gläsern Rotwein zurück und setzte sich neben Gustav.

»Also frohe Weihnachten«, sagte sie.

»Ich dachte, morgen ist Weihnachten.«

»Du bist anstrengend, Gustav. Prost.«

»Prost.« Er hob sein Glas. »Kann ich dein Telefon benutzen? Ich muss diese Frau Stark … Frau Stern … Stör anrufen.«

»Wer ist Frau Stern?«

»Stör.«


»Frau Stör, soll isch das jetzt alles wieder abhängen?«

Claudia Stör betrachtete ihre Buchhandlung und ihre Auszubildende Anita. Anita, deren Aufgabe es war, Literatur zu empfehlen und zu verkaufen, die aber nicht mal imstande war, richtig »ich« zu sagen. Isch. Isch. Isch.

Eigentlich hatte Claudia eine Teilzeitkraft einstellen wollen, doch Frau Polinski hatte sie angefleht, der Tochter einen Ausbildungsplatz zu geben. Claudia und die Polinskis wohnten im selben Haus. Manchmal benutzte die alleinerziehende Mutter Claudias Waschmaschine.

»Nicht alles, aber ein Teil muss weg.«

»Aber das ist doch voll schön.« Anita deutete auf die Tannenzweige, die Holzengel, das Lametta, die Dutzenden mit Kugeln behangenen Miniweihnachtsbäume. Die mit Lebkuchen gefüllten Pappteller in Sternform.

»Anita, das ist eine Buchhandlung und nicht das Haus vom Nikolaus.«

»Isch find das voll, na ja, voll …«

»Die Hälfte reicht.« Claudia ging in ihr Büro.

Hier standen ein Schreibtisch, ein Kühlschrank. Die Regalbretter an den Wänden hatte Volker, ihr damaliger Fast-Verlobter, angebracht. Optimale Raumausnutzung. Volker, den sie nie wirklich geliebt hatte. Während der fünfjährigen Beziehung hatte sie oft an Trennung gedacht, aber aus Rücksicht auf seine Gefühle war sie geblieben. Schließlich hatte Volker sie verlassen.

Claudia nahm immer Rücksicht, versuchte möglichst wenig Menschen zu verletzen und möglichst vielen zu helfen. Bei ihr liehen sich Bekannte Geld und zahlten es niemals zurück. Bei ihr luden Leute Haustiere ab, wenn sie in Urlaub fuhren. Claudia hatte auf Hunde, Meerschweinchen und Schildkröten aufgepasst. Jürgen, ein fetter getigerter Kater, war ungewollt in ihren Besitz übergegangen. »Wir ziehen um. Wir können ihn nicht mitnehmen. Behalt ihn doch, Claudia«, hatten die Eigentümer des bissigen Tieres nach ihrer Rückkehr von den Malediven gesagt.

»Ich glaube nicht, dass Jürgen und ich uns wirklich gerne mögen.«

»Dann setz ihn aus oder lass ihn einschläfern.«

Jürgen hatte Claudia viele Male gebissen, die Arme zerkratzt, auf das Sofa gepisst und lebte nun schon seit zwei Jahren bei ihr. Claudia hasste Jürgen. Hass ist ein starkes Wort. Claudia hasste Jürgen.

»Frau Stör. Isch bin fertig«, rief Anita.

»Ich komme gleich.«

Das einzig Gute an Anita war, dass sie niemals das Büro betrat, niemals anklopfte und um Einlass bat. Anita brüllte einfach durch verschlossene Türen.

Claudia nahm eine Dose Slimfast mit Vanillegeschmack aus dem Kühlschrank. In vier Wochen war Weihnachten, sie würde so gut wie noch nie aussehen. Falls sie die Diät durchhalten würde. Bisher hatte sie noch nie durchgehalten. Aber dieses Mal war alles anders. Es war das erste Weihnachten, das sie nicht bei ihren Eltern im Sauerland verbringen würde. Sie war einundfünfzig Jahre alt und hatte jeden Heiligabend bei Mutter und Vater auf der Couch gesessen. Er hatte zugesagt. Fünftausend Euro. Zwei Flaschen Old Bushmills.

»Frau Stör, kommen Sie doch gucken. Isch hab das fertig.«

»Du kannst jetzt nach Hause gehen, Anita.«

»Wollen Sie denn gar nicht gucken?«

»Ich habe zu tun. Ich schaue es mir nachher an.«

»Okay. Isch hoffe, es gefällt Ihnen. Isch find's voll schön. Tschööö, Frau Stör.«

Claudia hörte, wie die Hintertür auf- und zugesperrt

wurde. Sie hätte freundlicher sein sollen, es war wirklich lieb von dem Mädchen, am ersten Advent zu kommen, um beim Dekorieren zu helfen.

Claudias Magen knurrte. Slimfast macht nicht satt. Einen Augenblick lang war sie versucht, ihr Büro zu verlassen und über den Lebkuchen herzufallen, den Anita in der ganzen Buchhandlung verteilt hatte. Aber sie blieb sitzen, öffnete die Schreibtischschublade.

*Angsthase, Osterhase*, die Erstausgabe von 1980.

Zärtlich strich sie über das Buchcover.

Sie war ein dicker Teenager mit weißblonden Spaghetti-haaren. Ein einsames Kind, das stets bemüht war, seine Einsamkeit zu verbergen. Die Eltern, ebenso weißblond wie ihr einziger Sprössling, waren liebevolle, gutmütige Leute. Sie hielten das kleine sauerländische Dorf, in dem sie lebten, für den schönsten Fleck auf Erden. Nicht, dass sie irgendwelche Vergleichsmöglichkeiten gehabt hätten. Einmal waren sie in Rom gewesen. Die ewige Stadt hatte sie wenig beeindruckt. Früh hatte Claudia bemerkt, dass sie anders war als Vater und Mutter, anders als die meisten ihrer Schulkameraden. Diejenigen, mit denen sie sich gerne angefreundet hätte, nannten sie eine fette Sau, oder eine fette Albino-Sau.

Um den Eltern zu entkommen oder vielmehr der Frage »Warum triffst du dich nicht mal mit dem Karsten?«, fuhr Claudia täglich auf ihrem metallgrünen Fahrrad durch die Gegend. Drei Dörfer weiter gab es eine Bäckerei, die das ganze Jahr über Struwen buk. Süße, fettige Hefeteigfladen. Fünf Mal die Woche kaufte Claudia drei mit Rosinen und drei ohne Rosinen. Auf einer verlassenen Parkbank nahe der Bäckerei stopfte sie alle sechs Struwen in sich hinein. Die wenigen Minuten, die sie dafür brauchte, waren Claudias schönste Momente.

Wahrscheinlich wäre Claudia für immer im Sauerland geblieben, hätte den degenerierten Nachbarsjungen Karsten geheiratet, und ihr ganzes Glück wären dreißig Struwen pro Woche gewesen. Doch kurz nach ihrem fünfzehnten Geburtstag fand sie auf der Parkbank ein Buch. Weit und breit keine Menschenseele.

*Angsthase, Osterhase.*

Ein weißer Hase mit ängstlich aufgerissenen Augen starrte sie vom Cover an. Bis es dunkelte, wartete Claudia, ob der Besitzer des Buches auftauchen würde. Dann stopfte sie *Angsthase, Osterhase* samt der sechs Struwen, die sie nicht angerührt hatte, in ihre Tasche und fuhr nach Hause.

Sie lag in ihrem Bett und las Seite für Seite. Es war die Geschichte eines Jungen. Er war genauso alt wie sie und genauso einsam.

*Das einbeinige Küken habe ich geklaut. Sie bringen die Küken, die kränklich sind oder irgendetwas zu wenig haben, einfach um. Sie knallen einen Hammer auf sie oder ein Beil oder so. Ständig haben sie dort unperfekte Küken. Und das eine hat mich angesehen. Ich hätte es nicht ertragen, wenn sie es zermatscht hätten. Jetzt will Mama, dass ich es wegschmeiße. »Warum?«, habe ich gefragt. »Warum soll ich es verdammt noch mal wegschmeißen?«*

*»Weil es kaputt ist«, hat sie geschrien.*

*Dabei ist sie doch selbst total kaputt. Und man kann*

*doch nicht alles einfach wegschmeißen, nur weil es nicht ganz vollkommen ist.*

*Das Küken hat nur zwei Tage durchgehalten. Ich hab geheult. Ich heule nie. Nie. Mama hat gesagt, ich soll aufhören zu plärren, und ich hätte besser mal gleich auf sie hören sollen. Aber das stimmt nicht. Wenn ich später an meine Kindheit zurückdenken werde, dann habe ich zumindest eine schöne Erinnerung. Weil, die zwei Tage mit dem einbeinigen Küken waren verdammt noch mal schön. Wenn man alt ist, besteht man nur aus Erinnerungen, und deshalb sorgt man besser dafür, dass es ein paar gute gibt. Ein paar, die wirklich was bedeuten. Und wenn etwas wirklich, wirklich gut ist, darf es einem am Ende auch das Herz zerfetzen.*

Am nächsten Tag schrieb das Mädchen Herrn Gustav Hansen einen Brief. Den ersten von Hunderten. Eine Antwort erhielt Claudia nie.

Hansens zweites Buch war nicht ganz so erfolgreich wie *Angsthase, Osterhase.*

Claudia hatte ihre Abiturprüfung abgelegt und fuhr nach Westberlin, um eine von Gustav Hansens Lesungen zu besuchen. Nach der Veranstaltung ließ sie sich ein Buch signieren. Er war muskulös, seine Augen grasgrün, das volle Haar dunkelbraun. Claudia wollte ihn fragen, ob er ihre Briefe jemals bekommen hatte, wollte ihm sagen, wie viel ihr seine Geschichten bedeuteten. Dass sie Buchhändlerin werden und eine eigene Buchhandlung haben würde und dass er der Grund für diese Entscheidung sei. Bücher wie die seinen unter Menschen zu bringen, das war eine Aufgabe. Eine gute Aufgabe. Aber

Claudia brachte kein Wort heraus. Sie stand einfach nur da mit leicht zitternden Händen, und er sah sie nicht mal richtig an. Hansen mochte Tänzerinnen. Zwar war Claudia nicht mehr ganz so fett wie früher, doch weit entfernt von einer Ballerinafigur.

Als sein drittes Buch erschien, eröffnete Claudia eine Buchhandlung in Berlin. Weder bei den Lesern noch bei den Kritikern fand *Und keiner kommt davon* Anklang. Zu unpolitisch, zu gewollt nannten sie sein Werk. Dann wurde es still um den Autor.

Gustav zog das Hemd an, das Mai-Lin für ihn gebügelt hatte. Jetzt vögelt sie wahrscheinlich mit ihrem Freund, dachte er. Es war nie etwas Ernsthaftes zwischen Gustav und Mai-Lin vorgefallen. Ein einziger Kuss.

»Das geht nicht«, hatte sie gesagt.

»Warum?«

»Weil du zu alt bist und ich Felix habe.«

Gustav packte seine Bücher in eine Plastiktüte.

Eine Lesung an Heiligabend, welcher Idiot kommt auf so eine Idee?

Gustav war nervös. Schließlich hatte er seit Ewigkeiten nicht mehr vor Publikum gestanden. Das letzte Mal 1990, also vor fünfundzwanzig Jahren. 1990 war sein Verleger gestorben. Die Tochter übernahm das Haus. Programmneugestaltung. Hansen wurde aussortiert. Sie fand Gustavs Geschichten scheußlich und unliterarisch, was auch immer das heißen mochte. Zudem sei das letzte Buch ein kolossaler Misserfolg gewesen. Die Verlegerin wünschte ihm alles Gute für die Zukunft. Aber nach

1990 kam nicht viel Gutes. Ein Vierteljahrhundert war vergangen. Alles, was Gustav sein Eigen nennen konnte, war ein Haufen Schulden und eine schmerzende Leber.

Gustav kämmte sein immer volles Haar, es war grau, fast weiß. Er würde eine Stunde vorlesen, dann die fünftausend Euro kassieren und nach Hause gehen. Vielleicht Mai-Lin besuchen und Felix das Weihnachtsfest verderben. Gestern hatte er ihn kurz gesehen.

»Du musst dich verhört haben? Niemand zahlt dir fünftausend Euro«, hatte er gesagt.

»Ich habe dreimal nachgefragt. Fünftausend«, hatte Gustav sich verteidigt. Er hätte ihn einfach schlagen sollen, diesen dummen Jungen.


Sie zog das schwarze Kleid wieder aus. Es war zu eng. Sie hatte wieder nicht durchgehalten.

Gestern hatte er angerufen, um noch mal nach der Adresse zu fragen.

Claudia war nervös.

Bis fünfzehn Uhr hatte sie in der Buchhandlung gestanden. Den Kunden geholfen, letzte Weihnachtsgaben auszusuchen. Dann hatte sie Anita ihr Geschenk überreicht. Einen bunten Wollschal und hundert Euro. »Voll schön, danke Frau Stör. Frohe Weihnachten. Tschöö, Frau Stör.« Und schließlich, als der Laden zu und die Auszubildende fort war, die gesamte Weihnachtsdekoration abgenommen. Etwas sagte ihr, dass Gustav Hansen nicht viel für Tannenzweige, Holzengel und Lametta übrighatte.

Das vierte Telefonat mit den Eltern, die noch immer

fassungslos waren, dass die Tochter sich nicht um fünfzehn Uhr in ihr Auto gesetzt hatte, um gegen einundzwanzig Uhr im Sauerland anzukommen. So wie jedes
Jahr.

»Mama, ich muss auflegen. Ich melde mich morgen.«

Die Mutter weinte in den Hörer.

Der Vater übernahm: »Claudia, du machst die Mama
unglücklich. Und der Karsten wird auch traurig sein. Er
fragt immer nach dir.«

»Ich muss los. Frohe Weihnachten.«

Es war achtzehn Uhr. Sie zog die graue Leinenhose
und den grauen Kaschmirpullover an – ihre Standard-
uniform –, warf einen letzten Blick in den Spiegel und
fuhr zurück zur Buchhandlung.


»Wo sind die Leute?«, fragte er irritiert. In der schwach
beleuchteten Buchhandlung standen zwei Sessel.

»Ich bin heute Abend Ihr ganzes Publikum«, sagte sie.

»Es wollte also keiner den alten Hansen sehen?«

»Ich habe niemanden eingeladen.«

Er lachte. »Dann setz ich mich mal«, sagte er und ließ
sich auf einen der Sessel nieder.

Claudia holte zwei Flaschen Old Bushmills und einen
Umschlag aus dem Büro.

»Ihre Gage. Fünftausend Euro und der Whiskey.«

»Soll ich Ihnen jetzt etwas vorlesen?«, fragte er.

»Nein.«

»Dann trinken wir.« Gustav reichte Claudia eine der
zwei Flaschen. »Schmeckt am besten, wenn man ihn direkt aus der Flasche trinkt.«

Sie stießen an.

»Darf ich fragen, warum ich hier bin?«

»Alles Gute in meinem Leben habe ich Ihnen zu verdanken. Und das hier«, Claudia deutete auf die Bücherregale, »ist das Gute. Vielleicht ist es nicht viel. Nichts Besonderes, eine kleine Buchhandlung, aber …« Sie spürte den Whiskey, etwas löste sich in ihr. »Das wollte ich Ihnen sagen.«

Gustav lächelte, seine Kehle war trocken.

Viele Stunden später traten sie den Heimweg an.

Als der einst erfolgreiche Schriftsteller in seiner Wohnung angekommen war, holte er ein zerfleddertes Notizbuch aus der Nachttischschublade. *Erinnerungen* stand in schwarzer, verblasster Farbe auf dem Pappeinband.

Der erste Eintrag:

*Das einbeinige Küken.*

Der vorerst letzte:

*Die Buchhändlerin.*

# George Orwell

## *Hektische Adventszeit*

In der Adventszeit brachten wir hektische zehn Tage damit zu, Weihnachtskarten und Kalender zu verkaufen, eine ermüdende Aufgabe, aber ein ertragreiches Geschäft. Ich war fasziniert vom brutalen Zynismus, mit dem christliches Empfinden ausgeschlachtet wird. Die Vertreter der Weihnachtskartenfirmen kamen bereits im Juni mit ihren Verkaufskatalogen vorbei. Auf einer ihrer Rechnungen fand sich eine Formulierung, die mir in Erinnerung geblieben ist: »Zwei Dutzend Jesuskind mit Kaninchen.«

# Eugen Roth

## *Vor Weihnachten*

O süßer Weihnachtsvorgeschmack:
Mit einem neuen Bücherpack,
Der mich zu toller Neugier reizt,
Komm ich nach Haus und mache Licht.
Eisblume sich am Fenster spreizt.
Bald glüht und sprüht mit Knick und Knack
Der Ofen, tüchtig eingeheizt.
Nur her mit Pfeife und Tabak!
Wie lieblich mir's die Nase beizt …
Gar noch Kaffee? Nur nicht gegeizt:
So heimlich war's seit Jahren nicht!
Aufs alte Sofa ich mich flack
Und schmökre erst in Schnick und Schnack –
Doch bald versink ich im Gedicht,
Indes mit Jagdruf, Wind und Wicht
Die wilde Rauhnacht draußen weizt.

# Hermann Hesse
## *Schaufenster vor Weihnachten*

Weihnachten ist eine Angelegenheit, von der ich eigentlich nicht gerne spreche. Einerseits weckt das schöne Wort so tiefe, heilige Erinnerungen aus dem Sagenbrunnen der Kindheit, flimmert so magisch im Schein jener blonden Lebensmorgenfrühe und ist so durchstrahlt von unzerstörbar heiligen Symbolen: Krippe, Stern, Heilandkind, Anbetung der Hirten und Könige und Weise aus dem Morgenland! Und anderseits ist »Weihnacht« ein Inbegriff, ein Giftmagazin aller bürgerlichen Sentimentalitäten und Verlogenheiten, Anlass wilder Orgien für Industrie und Handel, großer Glanzartikel der Warenhäuser, riecht nach lackiertem Blech, nach Tannennadeln und Grammophon, nach übermüdeten, heimlich fluchenden Austrägern und Postboten, nach verlegener Feierlichkeit in Bürgerzimmern unterm aufgeputzten Baum, nach Zeitungsextrabeilagen und Annoncenbetrieb, kurz, nach tausend Dingen, die mir alle bitter verhasst und zuwider sind, und die mir alle viel gleichgültiger und lächerlicher vorkämen, wenn sie nicht den Namen des Heilands und die Erinnerungen unserer zartesten Jahre so furchtbar missbrauchten.

Nun, sprechen wir also nicht von Weihnachten – es kämen dabei ja doch lauter Verlegenheiten heraus, zum

Beispiel, dass ich noch immer keine Ahnung habe, was ich meiner Freundin schenken soll und ob zwanzig Mark für die Köchin richtig ist –, ach und wenn ich doch den Freund S. daran hindern könnte, mir wieder ein so kostbares und dabei so jämmerlich unnützes Geschenk zu machen wie im letzten Jahr! Oder, falls es sich nicht ganz vermeiden lässt, an die Weihnacht zu denken, so lasst mich an jene wirkliche und echte Weihnachtsvorfreude denken, die ich auch heute noch, als enttäuschter und einsamer Mensch, zu empfinden vermag: an die Freude beim Herstellen jener Weihnachtsgeschenke, die ich auch heute noch, wie einst in den Knabenzeiten, für einige meiner Freunde mit eigener Hand herzustellen gewohnt bin, kleine Hefte mit neuen, handgeschriebenen Gedichten; Blätter mit Landschaftsaquarellen und dergleichen Dinge.

Nun, trotz allen widerstreitenden und beklemmten Gefühlen muss ich sagen: An manchen Abenden im Dezember, wenn es nach trübem, verschleiertem Nachmittag in den Geschäftsstraßen aufzuflammen beginnt, wenn alle die farbigen und grellen Schimmer aus den Schaufenstern auf den feuchten oder beschneiten Asphalt herausfallen und die Straße etwas festlich Belebtes bekommt, dann macht dieser verlogene, heftige Weihnachtsbetrieb mit seiner lichten Außenseite mir doch einigen Spaß, und ich kann dann eine Stunde lang gerade in jenem Stadtteil bummeln, den ich sonst vermeide, und kann eine Stunde lang verloren und gefesselt an den strahlenden Läden hinstreichen, ins Schauen verloren. Es träumt mir dann, ich sei ein Kalifensohn aus Bagdad und sei nach langer, abenteuerlicher Reise, aus Todesgefahr und bitterer Gefangenschaft entronnen, in eine leuchtende Stadt des fernen Ostens gelangt, und mische mich entzückt und neugierig in das Gewühl um die Basare der Händler.

Nachdenken verträgt sich schlecht mit dieser Stimmung, und das Schöne an dieser abendlichen Bummelstunde ist gerade das Erlöstsein vom Denkenmüssen. Aber wenn ich dabei doch je und je ein wenig gedacht und mich selber beobachtet habe, so machte ich dabei jedes Mal mit einem gewissen (manchmal lachenden, manchmal eher peinlichen) Erstaunen die Entdeckung, dass ich, der rüstige Fünfziger mit dem leicht ergrauenden Scheitel und dem milden Brillengesicht, im Grunde meiner Seele ungewöhnlich infantil geblieben oder wieder geworden sein muss. Ich bemerke dies, wenn ich mir Mühe gebe, darauf zu achten, wie eigentlich diese vollen, strahlenden Schaufenster auf mich wirken und welcherlei Gegenstände es sind, die mir auffallen und die mich zu Wünschen reizen. Ich mache alsdann die Wahrnehmung, dass die Sachen, die mir gefallen und die mich lüstern zu machen vermögen, beinahe alle noch dieselben sind wie in meiner Knaben- und frühen Jugendzeit.

In der Tat, inmitten dieses schreienden und etwas n–haften Überangebotes von Waren sind es nur wenige, die ich für meine eigene Person zu begehren vermag, und alle die Errungenschaften der neueren Technik lassen mich schrecklich kalt. Ich sehe mit Erstaunen, dass auch vor solchen Schaufenstern neugierige und begehrende Menschen stehen, in die ich nicht ohne tiefe Langeweile

zu blicken vermag und vor denen meinen Schritt zu verlangsamen mir niemals einfallen würde. Das sind zum
Beispiel Läden mit Kodaks, mit Grammophonen, mit
Sportgeräten, mit Radioapparaten – wenn ich einen Freibrief hätte, der mir erlaubte, aus allen diesen Läden alles
zu wählen, was nur irgend zu besitzen mich gelüstete,
ich würde den Freibrief wegwerfen und weitergehen.
Raffinierte Chronometer, witzige Rasierapparate, blit-
zende Mikroskope, niedliche Zimmerkinematographen –
nichts von allem wäre mir auch nur das Einwickelpapier
wert.

Anders steht es mit den Auslagen der Buchhändler.
Obwohl auf diesem Gebiet reichlich verwöhnt und
überfüttert, bleibe ich vor einem guten Buchladen doch
fast immer ein wenig stehen, und nicht nur der geistige
Markt interessiert mich, die Namen der Kollegen, die
Anpreisungen der Verleger, sondern mindestens ebenso
sehr interessiert und lockt mich das Materielle dieser
Bücher: ein roter Lederrücken, eine schöne englische
Leinwand, ein schön getöntes Pergament, ein derbes
knotiges Segeltuch als Mappenumschlag. Nun, und es
sind ja auch immer wieder manche freundlichen Erschei-
nungen in der Bücherwelt zu entdecken, wenn auch das
Niveau im Ganzen recht bescheiden ist. Ich sehe mit
Freude die sechs braunen Bände mit Rilkes gesammelten
Werken stehen und Martin Bubers Chassidische Schriften in einem Bande und Knut Hamsuns *Landstreicher*
(o August, du Teufelskerl), ich freue mich darüber, dass
es neue Bände von Joseph Conrad gibt, ich blinzle dem
*Steppenwolf* zu und grüße *Die Gäste* von Georg Munk,

und einmal gehe ich sogar in einen Laden hinein und lasse mir ein Bilderwerk vorlegen, das ich im Fenster sah. Glasenapps *Heilige Stätten Indiens*, stehe lang über die Tafeln gebeugt, nach Indien verirrt, ergriffen davon, dass auch diese so sehr fremden, so sehr exotischen Riesentempel, Höfe, Teiche und Höhlengrotten dieselbe immer gleiche Sprache sprechen wie die französischen Kathedralen und die süditalienischen Tempel, die Sprache des Glaubens und der Hingabe, der Begeisterung und seligen Verschwendung vor dem Göttlichen.

Erinnern mich diese Buchläden an viele Begeisterungen und Begierden der Jünglingszeit, so führen andere Bilder mich noch weiter in meine Vergangenheit, ja eigentlich hätte ich sie zuerst nennen sollen. Das mit den Büchern war zwar keineswegs gelogen, aber ein klein wenig Schönfärberei war doch wohl dabei. Denn siehe, es sind andere Schaufenster und Kaufläden, vor denen ich die stärksten Eindrücke, die wärmsten Erlebnisse, die kräftigsten Wünsche habe. Mit kindlicher Bewunderung und primitiver Lust betrachte ich die verlockenden Esswaren, und zwar am meisten die kindlichsten, die Süßigkeiten. Dem reisenden Kalifensohn kommen heftige Kindheitsbegierden zurück, wenn er diese riesigen Kristallschalen voll großer Pralinen betrachtet, diese Berge von farbig verpackten Schokoladetafeln, die üppigen Platten voll Meringues und Schokoladenschäumchen. Und in einem anderen Fenster, das unendlich viel poetischer aussieht als jene Ausstellungen von Kodaks und Lautsprechern, entzücken mich, obwohl ich seit undenklichen Zeiten keine Wurst mehr gegessen habe, die feisten glänzenden

Wurstkränze, die still und trocken herabhängenden Salami, die in Stanniol gerollten, schräg angeschnittenen Leberwürste, von denen ich mir niemals eine kaufen werde, von denen ich die meisten gar nicht essen und verdauen könnte, denn Wurst ist eine Speise für Optimisten, deren Anblick mich aber dennoch bezaubert und mir eine Vorstellung von Reichtum und Wohlleben gibt. Oh, und ein kleiner zarter Rollschinken, ein Kleinod von einem hübschen Schinkchen, führt mich tatsächlich in Versuchung – weiß Gott, ob ich ihn mir nicht kaufen werde. Indessen stellt der nächste Laden mir noch Köstlicheres vor die Sinne: In zauberhaften Farben wie große fremde Edelsteine leuchtend sind da kandierte Früchte zu sehen, Birnen, Pfirsiche, Pistazien, Oliven, Ananas. Nichts davon werde ich mir kaufen, nichts davon könnte ich verdauen. Kandierte Früchte sind zwar keine Spezialspeise für Optimisten, o nein, aber doch mehr für Frauen und Jugendliche, jedenfalls aber nicht für schonungsbedürftige, magenzarte und etwas leidende Halbgreise. Taumelt weiter, entzückte Augen!

Es kommt ein Geschäft mit Thermosflaschen, Wärmkissen, Bauchbettflaschen und dergleichen Dingen, ein Geschäft, welchem ich Aufmerksamkeit zu schenken Grund hätte, aber ich gehe kalt vorüber. Eine richtige Apotheke hingegen fesselt mich jetzt; das ist ein Jahrmarkt, den ich gern sehe, und wenn auch mein Verstand die hier veranschaulichte Verbindung von Wissenschaft und Industrie im Zeichen des Mammons eher ironisch betrachtet, so lese ich doch auf diesen farbigen Flaschen, auf diesen hübschen seidigen Packungen und Schachteln mit Interesse und Vergnügen die vielversprechenden Namen, deren Mehrzahl in einem arg verdorbenen Griechisch erfunden sind. *Keine Gicht mehr!* verspricht eine ovale Glasdose, aber weder auf diese Dose noch auf das Plakat *Sind Sie nervös?* lasse ich mich ein, ich hasse solche zu täppischen Fragen. Dagegen sehe ich hier und dort in Glasröhrchen, in Fläschchen, in Paketen gute Freunde liegen, Mittel, die ich kenne und schätze, und von denen es gut ist, eine kleine Auswahl im Reisekoffer zu haben. Namen nenne ich nicht – noch nie hat eine chemische Fabrik mir Rezensionsexemplare geschickt.

Herrlich leuchten die festlichen Läden. Zwei Arten von Läden gibt es, vor denen ich manchmal stehen bleibe, jedoch nicht um die Auslagen, sondern um die von ihnen angezogenen Menschen zu betrachten. Es sind die Läden, in denen man Kinderspielzeug kauft, und jene, in denen elegante Frauen für Kleidung, Schmuck, Haar und Haut, Nägel und Zehen das Nötige angeboten bekommen. Da sieht man schöne Augen, oft im prächtigen nackten Brand des primitivsten Begehrens glühend, und man stellt mit Freude fest, dass es Welten und Industriezweige gibt, deren Notwendigkeit man zwar nicht auf unmittelbarem, aber doch auf diesem indirekten Wege zu erkennen vermag. Höchst unmittelbare Wege aber schlägt mein Begehren ein, wenn ich vor einem diskreten Fenster halte, wo ausgesuchte Marken alten Cognacs und edler Weine stehen und ebenso vor jenen blanken, schönen Fenstern, wo auf Glasscheiben die Tabake und Zigarren locken, die schweren dicken, in Stanniol gewickelten Importe, die schwarzen guten Brasilzigarren, die hübschen lichten Holländer, die köstlichen Manilas.

Und noch eine Art von Geschäften gibt es, die seit den frühesten Zeilen ihren Zauber für mich nicht verloren haben. Es sind die Läden mit Papier, mit Bleistiften, Federn, Farben, Aquarellkästen, Linealen, Zirkeln, Zeichenkohle. Da bleibe ich lange stehen, verliebt in eine Kollektion herrlicher Pariser oder Londoner Wasserfarben, in ein Bündel edler Koh-I-Noor-Stifte, in eine Schachtel mit sibirischem Graphit, in Rollen und Lagen edler Papiere. So einhundert Bogen von einem zart-festen, soliden Büttenpapier, das wäre ein Geschenk, mit dem man mich ködern könnte!

Aber am Ende bekommt man kalte Füße, und zum Kaufen ist ja auch ein andermal noch Zeit. Ach, wenn mir nur Freund S. zu Weihnachten nicht einen Kodak oder einen Korb Orchideen schenkt!

# Carlos Ruiz Zafón

## *Der geheimnisvolle Kunde*

I

*Barcelona, Dezember 1957*

In jenem Jahr brachen zur Weihnachtszeit alle Tage bleiern und raureifgetüncht an. Bläuliches Halbdunkel tönte die Stadt, und die bis zu den Ohren eingemummten Menschen zeichneten mit ihrem Atem Dampfspuren in die Kälte. In diesen Tagen blieben nur wenige vor dem Schaufenster von Sempere & Söhne stehen, um sich in seine Auslagen zu vertiefen, und noch weniger rafften sich dazu auf, einzutreten und nach dem verlorenen Buch zu fragen, das ein Leben lang auf sie gewartet hatte und dessen Verkauf, von seinem poetischen Rang einmal abgesehen, den misslichen Finanzen der Buchhandlung ein wenig hätte aufhelfen können.

»Ich glaube, heute ist es so weit. Heute wird sich unser Schicksal wenden«, verkündete ich, beflügelt vom ersten Kaffee des Tages – reiner Optimismus in flüssiger Form.

Mein Vater, der seit acht Uhr früh mit Bleistift und Radiergummi der Buchhaltung beizukommen versuchte, schaute vom Ladentisch auf und beobachtete die vorbeirauschende Masse der Kunden.

»Dein Wort in Gottes Ohr, Daniel – wenn es so weitergeht und wir das Weihnachtsgeschäft verpassen, können wir im Januar nicht einmal die Stromrechnung bezahlen. Wir werden uns etwas einfallen lassen müssen.«

»Gestern hatte Fermín eine Idee«, sagte ich. »Er findet es einen meisterhaften Plan, um den Laden vor dem drohenden Bankrott zu retten.«

»Um Himmels willen.«

Ich zitierte wörtlich:

»›Vielleicht käme, wenn ich das Schaufenster in Unterhosen dekorierte, die eine oder andere literaturbeflissene, nach starken Emotionen lechzende Frau herein und würde kräftig einkaufen, denn laut den Sachverständigen liegt die Zukunft der Literatur bei den Frauen, und mein Gott, ich möchte das Weibsbild sehen, das dem wilden Sog dieses knorrigen Körpers widerstehen kann.‹«

Hinter mir hörte ich den Bleistift meines Vaters zu Boden fallen, und ich wandte mich um.

»Fermín dixit«, fügte ich hinzu.

Ich hatte gehofft, dieser Fermín-Einfall würde meinen Vater zum Lachen bringen, aber er verharrte in seinem Schweigen, und ich schaute ihn verstohlen an. Sempere senior schien diese Albernheit nicht nur überhaupt nicht lustig zu finden, sondern hatte auch ein nachdenkliches Gesicht aufgesetzt, als überlegte er, ob er das ernstlich in Betracht ziehen sollte.

»Sieh mal einer an, da hat Fermín vielleicht den Vogel abgeschossen«, murmelte er.

Ich starrte ihn an. Möglicherweise hatte die geschäftliche Dürre, die uns wochenlang gegeißelt hatte, mittlerweile den Verstand meines Vaters angegriffen.

»Willst du etwa sagen, du erlaubst ihm, in Unterhosen im Laden rumzuspazieren?«

»Nein, nein, darum geht es nicht. Das Schaufenster! Du hast mich auf eine Idee gebracht ... Vielleicht ist es noch nicht zu spät, das Weihnachtsgeschäft zu retten.«

Er verschwand im hinteren Raum und kam nach kurzer Zeit in seiner Winteruniform zurück: demselben Mantel, Schal und Hut, die ich seit Kindesbeinen an ihm kannte. Bea sagte immer, vermutlich habe er sich seit 1942 keine Kleider mehr gekauft, und alle Indizien wiesen darauf hin, dass meine Frau recht hatte. Während er in die Handschuhe schlüpfte, lächelte er vage, und in seinen Augen erschien das fast kindliche Leuchten, das nur große Vorhaben auszulösen vermochten.

»Ich lass dich eine Weile allein«, verkündete er. »Ich muss etwas erledigen.«

»Darf ich fragen, wohin du gehst?«

Er blinzelte mir zu.

»Das ist eine Überraschung. Du wirst schon sehen.«

Ich folgte ihm zur Tür und sah ihn entschlossenen Schrittes auf die Puerta del Ángel zugehen, eine Gestalt unter vielen in der grauen Flut der Passanten, die sich durch einen weiteren langen Winter aus Schatten und Asche pflügten.

2

Ich nutzte das Alleinsein, um ein wenig Radiomusik zu genießen, während ich nach meinem Gutdünken die Buchreihen in den Regalen neu ordnete. Mein Vater war der Ansicht, das Radio laufen zu lassen, wenn Kunden im Laden waren, gehöre sich nicht, und stellte ich es in Gegenwart Fermíns an, so begann dieser sogleich zu jeder Melodie irgendwelche andalusischen Bittgesänge zu trällern oder, noch schlimmer, »sinnliche Rhythmen aus der Karibik«, wie er sie nannte, zu tanzen, was mich in wenigen Minuten auf hundert brachte. Aufgrund dieser praktischen Schwierigkeiten war ich zum Schluss gekommen, dass ich den Genuss der Ätherwellen auf die seltenen Momente beschränken musste, in denen außer mir und Zehntausenden von Büchern niemand im Laden war.

An jenem Vormittag brachte Radio Barcelona den heimlichen Mitschnitt eines Fans von dem großartigen Weihnachtskonzert, das der Trompeter Louis Armstrong und seine Band drei Jahre zuvor im Hotel Windsor Palace in der Avenida Diagonal gegeben hatten. Nach den Werbepausen mühte sich der Sprecher immer damit ab, diese Klänge als *Jatz* zu etikettieren, und machte darauf aufmerksam, dass einige dieser Synkopen nicht unbedingt das Richtige für den spanischen Hörer seien, der ja doch eher auf die vorherrschenden Couplet, Bolero und den eben aufkommenden Yéyé abgerichtet war.

Fermín sagte immer, wäre Isaac Albéniz als Schwarzer geboren worden, so wäre der Jazz genau wie die Dosenkekse in Camprodón erfunden worden, und zusammen mit den spitzen Büstenhaltern, wie sie seine vergötterte Kim Novak in einigen der Filme trug, die wir in den Vormittagsvorstellungen des Kinos Fémina sahen, sei dieser Sound eine der wenigen echten Errungenschaften der Menschheit im bisherigen 20. Jahrhundert. Darüber mochte ich nicht mit ihm streiten. In die Magie dieser Musik und den Geruch der Bücher gehüllt, ließ ich den Rest des Vormittags verstreichen und genoss in stiller Zufriedenheit meine einfache, aber gewissenhaft ausgeführte Arbeit.

Fermín hatte den Vormittag freigenommen, um, wie er sagte, letzte Vorbereitungen für seine auf Anfang Februar angesetzte Hochzeit mit der Bernarda zu treffen. Als er das Thema knapp zwei Wochen zuvor zum ersten Mal zur Sprache gebracht hatte, hatten wir alle gesagt, er überstürze das Ganze und Eile führe nirgends hin. Mein Vater hatte ihn zu überzeugen versucht, die Trauung wenigstens zwei oder drei Monate hinauszuschieben, mit dem Argument, Hochzeiten seien etwas für den Sommer und schönes Wetter, aber Fermín hatte an dem Datum festgehalten, denn ein Typ wie er, abgehärtet im rau-trockenen Klima der extremadurischen Hügel, gerate über die Maßen ins Schwitzen, sobald der Sommer die mediterrane, seiner Meinung nach semitropische Küste erreiche, und es mache sich schlecht, seine Verehelichung mit tortengroßen Flecken unter den Armen zu feiern.

Allmählich dachte ich, es müsse etwas Merkwürdiges im Gange sein, dass Fermín Romero de Torres, lebende Standarte des bürgerlichen Widerstands gegen die heilige Mutter Kirche, die Banken und die guten Sitten in diesem von Messe und Wochenschau geprägten Fünfziger-Jahre-Spanien, es mit der kirchlichen Trauung so eilig hatte. In seinem Voreheeifer hatte er sogar mit dem neuen Pfarrer der Santa-Ana-Kirche, Don Jacobo,

43

Freundschaft geschlossen, einem Priester aus Burgos mit entspannter Ideologie und den Manieren eines pensionierten Boxers, den er mit seiner maßlosen Dominoleidenschaft angesteckt hatte. Sonntags nach der Messe lieferte er sich mit ihm im Restaurant El Almirall historische Partien, und der Geistliche lachte herzlich, als ihn mein Freund zwischen zwei Gläsern Montserrat-Likör fragte, ob er eigentlich die Gewissheit habe, dass Nonnen Schenkel hätten, und wenn ja, ob sie so zart zu beknabbern seien, wie er es sich seit seiner Jugend vorstelle.

»Sie bringen es noch fertig, exkommuniziert zu werden«, tadelte ihn mein Vater. »Nonnen sind weder zum Anschauen noch zum Berühren da.«

»Aber der Pfarrer steht ja fast noch mehr auf Frauen als ich«, wehrte sich Fermín. »Wäre da nicht die Uniform …«

Während ich mich an diese Diskussion erinnerte und zu Meister Armstrongs Trompete vor mich hin summte, hörte ich das träge Klingeln der Glocke über der Eingangstür. Ich schaute auf in der Erwartung, meinen Vater von seiner Geheimmission zurückkommen zu sehen oder Fermín, der den Nachmittagsdienst übernähme.

»Guten Tag«, hörte ich von der Schwelle her eine tiefe, schrundige Stimme.

## 3

Im Gegenlicht glich seine Silhouette einem vom Wind gepeitschten Baumstamm. Er trug einen altmodisch geschnittenen dunklen Anzug und gab, wie er sich so auf einen Stock stützte, eine finstere Gestalt ab. Unübersehbar hinkend, tat er einen Schritt vorwärts. Im hellen Licht der Lampe über dem Ladentisch zeigte sich ein von der Zeit zerfurchtes Gesicht. Der Besucher musterte mich in aller Ruhe; sein geduldig berechnender Blick erinnerte an einen Raubvogel.

»Sind Sie Señor Sempere?«

»Ich bin Daniel. Señor Sempere ist mein Vater, aber er ist im Moment nicht da. Kann ich Ihnen irgendwie behilflich sein?«

Der Besucher überhörte meine Frage und begann durch die Buchhandlung zu humpeln, um mit einem an Habgier grenzenden Interesse Spanne für Spanne alles zu erforschen. Sein Hinken ließ vermuten, dass die Verletzungen, die sich unter seinen Kleidern verbargen, nicht gering einzuschätzen waren.

»Kriegsandenken«, sagte der Besucher, als hätte er meine Gedanken gelesen.

Ich folgte ihm mit dem Blick bei der Inspizierung des Ladens und ahnte schon, wo er vor Anker gehen würde. Und tatsächlich blieb er vor der Ebenholzvitrine stehen, einer Reliquie aus der Gründungszeit des Buchladens im Jahr 1888, als Urgroßvater Sempere, damals ein soeben von seinen Abenteuern in der Karibik wohlhabend zurückgekehrter junger Mann, Geld aufgenommen hatte, um einen alten Handschuhladen zu kaufen und zur Buchhandlung umzubauen. In dieser Vitrine, die einen Ehrenplatz im Laden einnahm, verwahrten wir seit eh und je unsere wertvollsten Exemplare.

Der Besucher trat so nahe an sie heran, dass unter seinem Atem die Scheibe beschlug. Er zog eine Brille hervor, setzte sie sich auf die Nase und begann den Inhalt der Vitrine zu studieren. Seine Gebärde erinnerte mich an ein Wiesel, das in einem Hühnerstall die frisch gelegten Eier begutachtet.

»Schönes Stück«, murmelte er. »Muss einen ordentlichen Batzen kosten.«

»Das ist ein Familienerbstück. Es hat vor allem einen ideellen Wert«, antwortete ich. Mir war nicht wohl, wie dieser eigenartige Kunde selbst die Luft, die wir einatmeten, zu taxieren schien.

Nach einer Weile steckte er die Brille wieder ein und sagte gemessen:

»Soviel ich weiß, arbeitet bei Ihnen ein Herr von gefeiertem Esprit.«

Da ich nicht sogleich antwortete, wandte er sich um und schenkte mir einen dieser Blicke, die den Empfänger altern lassen.

»Wie Sie sehen, bin ich allein. Wenn mir der Herr vielleicht sagen würde, welches Buch er wünscht, werde ich es mit großem Vergnügen suchen.«

Der Unbekannte deutete ein alles andere als freundliches Grinsen an und nickte.

»Wie ich sehe, haben Sie ein Exemplar des *Grafen von Monte Christo* in dieser Vitrine.«

Er war nicht der Erste, der dieses Buch bemerkte. Ich servierte ihm den offiziellen Diskurs, den wir für solche Fälle auf Lager hatten.

»Der Herr hat ein sehr gutes Auge. Es ist eine wunderbare Ausgabe, nummeriert und mit Bildtafeln von

Arthur Rackham, und stammt aus der Privatbibliothek eines bedeutenden Madrider Sammlers. Es ist ein einzigartiges, katalogisiertes Stück.«

Der Besucher studierte eingehend die Beschaffenheit der Ebenholzbretter des Regals und zeigte damit unverhohlen, dass ihn meine Worte anödeten.

»Für mich sehen alle Bücher gleich aus, aber mir gefällt das Blau des Einbands«, antwortete er verächtlich. »Ich nehme es.«

Unter anderen Umständen hätte ich Freudensprünge vollführt, wenn ich das wahrscheinlich teuerste Buch im ganzen Laden hätte verkaufen können, doch bei der Vorstellung, es gerate in die Hände dieses Menschen, drehte sich mir der Magen um. Ich hatte das Gefühl, wenn dieses Exemplar den Laden verließe, würde nie wieder jemand auch nur den ersten Abschnitt lesen.

»Es ist eine sehr kostspielige Ausgabe. Wenn der Herr es wünscht, kann ich ihm andere Ausgaben desselben Werks in einwandfreiem Zustand und zu erschwinglicherem Preis zeigen.«

Leute mit kleiner Seele versuchen immer, die anderen herabzusetzen, und der Unbekannte, der die seine zweifellos in einem Stecknadelkopf hätte unterbringen können, warf mir den verächtlichsten aller Blicke zu.

»Und die ebenfalls einen blauen Einband haben«, ergänzte ich.

Er überhörte meinen ironischen Tonfall.

»Nein, danke. Ich will das da. Der Preis ist Nebensache.«

Widerwillig nickte ich, ging auf die Vitrine zu und

schloss die Glastür auf. Ich spürte, wie sich die Augen des Unbekannten in meinen Rücken bohrten.

»Immer ist alles Gute unter Verschluss«, bemerkte er leise.

Ich nahm das Buch und atmete tief ein.

»Ist der Herr ebenfalls Sammler?«

»Das könnte man so sagen. Aber nicht von Büchern.«

Den *Grafen* in der Hand, wandte ich mich um.

»Und was sammelt der Herr?«

Er ignorierte meine Frage und streckte den Arm aus, um das Buch entgegenzunehmen. Ich musste gegen den Impuls ankämpfen, es in die Vitrine zurückzustellen und wieder einzuschließen. Aber in diesen Zeiten hätte es mir mein Vater nicht verziehen, wenn ich mir die Gelegenheit eines solchen Verkaufs hätte entgehen lassen.

»Es kostet fünfunddreißig Peseten«, verkündete ich, bevor ich ihm das Buch aushändigte, und hoffte, bei dieser Summe ändere er seine Meinung.

Ohne mit der Wimper zu zucken, nickte er und zog einen Hundert-Peseten-Schein aus der Tasche seines Anzugs, der bestimmt keine fünfundzwanzig gekostet hatte. Ich fragte mich, ob es nicht Falschgeld war.

»Ich fürchte, für einen so großen Schein habe ich kein Wechselgeld, mein Herr.«

Normalerweise hätte ich ihn gebeten, einen Moment zu warten, und wäre zur nächsten Bank gegangen, um den Schein zu wechseln und auf Echtheit prüfen zu lassen, aber ich mochte ihn nicht allein im Laden lassen.

»Keine Sorge. Er ist echt. Wissen Sie, wie Sie das feststellen können?«

Er hielt die Note gegen das Licht.

»Beachten Sie das Wasserzeichen. Und diese Linien. Die Textur …«

»Ist der Herr ein Experte in Fälschungen?«

»Alles auf dieser Welt ist falsch, junger Mann. Alles außer dem Geld.« Er gab mir den Schein in die Hand, schloss meine Faust darum und tätschelte mir die Knöchel. »Das Wechselgeld lasse ich Ihnen als Anzahlung da für meinen nächsten Besuch.«

»Das ist viel Geld, der Herr. Fünfundsechzig Peseten …«

»Ein paar Münzen.«

»Ich stelle Ihnen auf jeden Fall eine Quittung aus.«

»Ich vertraue Ihnen.«

Der Unbekannte betrachtete das Buch gleichgültig.

»Es ist ein Geschenk. Ich bitte Sie, es persönlich zu überbringen.«

Ich zögerte einen Augenblick.

»Im Prinzip machen wir keine Hauslieferungen, aber in diesem Fall übergeben wir es natürlich sehr gern persönlich und ohne zusätzliche Kosten. Darf ich fragen, ob es in Barcelona selbst ist oder …?«

»Hier.« Sein eisiger Blick verriet Jahre von Wut und Hass.

»Möchte der Herr eine Widmung oder sonst ein paar persönliche Worte hineinschreiben, bevor ich es einpacke?«

Umständlich schlug der Besucher das Buch auf der ersten Seite auf. Da sah ich, dass seine linke Hand eine Prothese aus gefärbtem Porzellan war. Er zog einen Füllfederhalter hervor und schrieb ein paar Worte auf die Seite. Dann gab er mir den Band zurück und drehte sich um. Während er zur Tür humpelte, beobachtete ich ihn.

»Wären Sie so freundlich und würden mir Namen und Adresse angeben, wo wir das Buch hinbringen sollen?«, fragte ich.

»Es steht alles da«, sagte er, ohne zurückzuschauen.

Ich schlug das Buch auf der Seite mit dem handschriftlichen Eintrag auf:

> *Für Fermín Romero de Torres, der von den*
> *Toten auferstanden ist und den Schlüssel*
> *zur Zukunft hat.*

Da hörte ich die Türglocke, und als ich aufschaute, war der Besucher weg.

Ich eilte zum Ausgang und schaute auf die Straße hinaus. Der Besucher humpelte davon und verschmolz mit den Gestalten, die den bläulichen Nebelschleier in der Calle Santa Ana durchdrangen. Ich wollte ihm etwas nachrufen, biss mir aber auf die Zunge.

# Benedict Wells

## *Die Nacht der Bücher*

Mr. Stanley war nicht zu beneiden. Er saß auf dem Holzstuhl in seinem Dienstzimmer und starrte auf den hässlichen Katzenkalender an der Wand. Er war achtundfünfzig Jahre alt und hatte an Heiligabend nichts Besseres zu tun, als Nachtwache in einer Bibliothek zu halten. Dabei las er noch nicht einmal gern! Auf dem Tisch standen ein Teller mit harten Schokoladenkeksen, die die Kollegen ihm gebacken hatten, und eine Thermoskanne mit Punsch. Vor dem Fenster trieben Schneeflocken und zerschmolzen auf dem Gehsteig. Er stieß einen langen Seufzer aus.

Zeit für seine Runde. Er griff nach dem Schlüsselbund und durchschritt die Flure des Gebäudes, seine Stiefel knarrten auf dem Dielenboden. Es war eine alte, staatliche Bibliothek in Marylebone, London, die trotz zahlreicher Spenden und einiger kostbarer Erstausgaben – darunter ein frühes Originalmanuskript von *Pu, der Bär* von A. A. Milne – immer etwas heruntergekommen wirkte. Doch er hing nun mal an dem Laden. Machte hier schon seit über neunzehn Jahren Dienst, und hier würde er auch mal in Rente gehen, falls nicht die …

Er blieb stehen; ihm war, als würde er beobachtet. Misstrauisch strich er sich über den Schnauzer und sah sich um. Nichts. Die Gänge waren leer, er war allein – allein mit Tausenden von Büchern. Stanley seufzte wieder. Manchmal wünschte er sich ja, er würde mehr lesen, aber er war zu faul. Er hatte seinen guten alten Fernseher zu Hause, damals ein Prachtding, das ihn einen Monatslohn gekostet hatte, und auch jetzt noch ein Freund, der ihn zuverlässig unterhielt.

Nein, Lesen war nicht seine Sache, aber er liebte, wie es hier roch: ein bisschen Staub, altes Papier, gegerbtes Leder. Es war dieser Geruch, den er jedes Mal vermisste, wenn er frühmorgens nach Hause ging, und auf den er sich insgeheim freute, wenn er abends wieder zur …

Erneut drehte er sich um. War da nicht gerade ein Geräusch gewesen? Doch es kam nicht aus dem Ostflügel, wo die Erstausgaben in einem Safe aufbewahrt wurden, sondern … Mr. Stanley eilte zur großen Halle. Er schloss die quietschende Tür auf und starrte in diesen endlosen Schlund aus Büchern. Zu viele, um sie zu zählen. Klassiker aus vergangenen Epochen, Tausend-Seiten-Wälzer aus verschiedensten Ländern, politische Schriften, Kinderbücher, Fantasyromane, moderne Literatur, Reiseführer, Krimis, Liebesgeschichten. Die gesamte Bibliothek war im Grunde nichts als ein gigantischer Bahnhof voller Figuren und Geschichten. Stanley ging durch die Halle und sah sich gewissenhaft um: Stille und Dunkelheit.

Schon eigenartig. Immer an Weihnachten war ihm, als würde es in der Bibliothek spuken, als hörte er seltsame Geräusche, die sofort verschwanden, wenn er die Tür aufmachte. Noch ein letztes Mal blickte er auf die vollgestopften Regale, in denen sich jedes wichtige Werk der Literatur zu befinden schien. Nichts regte sich, der Mond tauchte die große Halle in geheimnisvolles Licht.

Schließlich senkte der Nachtwächter seine Taschenlampe, schloss die Tür hinter sich ab und ging wieder zurück. Im Dienstzimmer trank er einen Schluck Punsch und schüttelte den Kopf.

Lange Zeit blieb es in der großen Halle still. Die Bücher wollten auf Nummer sicher gehen. Dieser Mr. Stanley war ein misstrauischer alter Knochen, da musste man auf der Hut sein. Dann aber konnte man ein leises Rascheln hören. Ganz vorsichtig hatte sich Jules Verne umgedreht.

Es war *In 80 Tagen um die Welt*.

Die anderen taten es ihm zögerlich nach.

Von jedem Autor drehte sich ein Buch um, während ihm die anderen Werke seines Verfassers Platz machten, sodass es seine Buchdeckel auseinanderklappen konnte. Endlich frei, was für eine Wohltat.

Shakespeares *Romeo und Julia* war so ein Buch, auch Manns *Buddenbrooks*, Tolstois *Krieg und Frieden* und Flauberts *Madame Bovary*.

Nach und nach zeigten sich die wichtigsten und weisesten Werke, um zu den anderen, oft jüngeren Büchern zu sprechen. Diese konnten sie zwar hören, mussten jedoch weiterhin in ihrer unbequemen Haltung verharren; mit dem Rücken zur Halle konnten sie nur tuscheln und flüstern.

Das Sprechen hingegen war nur denjenigen Büchern erlaubt, deren Autoren bereits große Erfolge feiern konnten und von denen zahlreiche Werke vertreten waren. So lauteten die Regeln, es gab eine klare Klassengesellschaft. In den Bibliotheken im Ausland mochte es vielleicht anders zugehen, da hörte man ja allerhand, aber das hier war England, da achtete man auf Stil und Etikette.

»Ist er weg?« Die Stimme von Jane Austen schnitt in die Stille.

»Denke schon«, meinte McCullers. »Armer Mr. Stanley.«

»Ein trauriger Narr, wer an diesem Tag arbeiten muss«, pflichtete Dostojewski bei. »Wieso tut er das nur jedes Jahr?«

»Ich nehm mal an: Frauen Fehlanzeige«, murmelte *Der Fänger im Roggen*, einer der jüngeren Romane. Er hörte seinen einzigen Freund in der Bibliothek, *Huckleberry Finn*, kichern.

Die ersten Minuten gehörten dem Tratsch: Kürzlich ausgeliehene Bücher erzählten, was sie auf ihrer Reise in andere Wohnungen erlebt hatten. Werke über politische Theorien, deren Verfasser oft russische und französische Namen hatten, seufzten dann, dass sie so gern auch mal wieder ausgeliehen werden würden. »Das letzte Mal war ja noch Thatcher im Amt!« Andere Bücher erzählten von einem Schulhoftyrannen, der eine ihrer Seiten gleich fünfmal lesen musste, bis er sie verstand, oder beschwerten sich, dass sie nach einer Neuausrichtung der Bibliothek nun am Fenster waren und ihr Einband im Sonnenlicht vergilbte.

Der übliche Smalltalk. Doch je weiter die Nacht voranschritt, desto mehr ging es um die Frage, wer diesmal vorlesen durfte.

»Ist Dickens da?«, fragte jemand mit irischem Akzent, vielleicht war es Joyce.

Die anderen Bücher suchten nach dem berühmten Autor der Weihnachtsgeschichte.

»Nein, leider weg. Hat vorhin noch jemand ausgeliehen!«

»So ein Pech, das ist jetzt schon das dritte Jahr hintereinander!«

Ein hundertfaches Aufstöhnen ging durch die Halle, denn nichts hätte die Bücher in dieser Nacht mehr gefreut, als wenn ihnen Dickens endlich wieder die Geschichte des alten Ebenezer Scrooge erzählt hätte.

Man beriet sich, was stattdessen gelesen werden sollte.

»Vielleicht sind ja einige der jungen Bücher daran interessiert, die berühmteste Liebesgeschichte aller Zeiten zu hören?«, fragte der etwas selbstgefällig gewordene Shakespeare in die Runde.

Für einige Sekunden blieb es in der Halle peinlich still. Shakespeare erkannte den Wink und rettete sich mit dem Hinweis, dass seine Seiten ohnehin derart alt und wertvoll wären, dass er sich nur noch bei »ganz besonderen Gelegenheiten« zu seiner vollen Pracht entfalten würde und dies ja wohl nicht der richtige Augenblick dafür wäre.

Ein paar ebenfalls ältere englische Bücher meinten daraufhin, dass sie sich gar nicht daran erinnern könnten, Shakespeares Seiten jemals in solch einer »vollen Pracht« gesehen zu haben, und es überhaupt schon ein Weilchen her sei, dass ihn jemand ausgeliehen habe. Im Gegenteil, entgegnete Shakespeare nun brüskiert, er werde andauernd ausgeliehen, woraufhin jemand erwiderte: »Ja, aber nur von gelangweilten Schulklassen«, was einige Lacher provozierte.

Es entstand ein erbittertes Wortgefecht, dem die jüngeren Bücher atemlos lauschten, denn so etwas bekamen sie von den weisen älteren Büchern nicht oft zu hören. Umso spannender, jetzt dabei zu sein, noch dazu an so einem Abend, an dem man von den Straßen her Weihnachtslieder hörte und der geschmückte Tannenbaum in der Halle im Mondlicht schimmerte.

Bald jedoch hatten sich alle beruhigt, und aufs Neue stand die Frage im Raum, aus welchem Buch gelesen werden sollte. Viele machten sich für eine makabre Erzählung von Roald Dahl oder eine Schauergeschichte von Edgar Allan Poe stark, doch der winkte ab.

»Doch nicht an so einem Abend!«, sagte er, versprach den jüngeren Büchern aber, bald wieder den Klassiker *Das verräterische Herz* vorzulesen.

Balzac dagegen fragte in die Runde, ob denn jemand eine Weihnachtsgeschichte wisse, vielleicht »eines der südlicheren Bücher«, bei denen er nur seine befreundeten Italiener und Spanier gemeint haben konnte. Doch Dante musste verneinen, und der alte Cervantes war eingeschlafen und schnarchte leise.

»Es kann doch nicht sein, dass wir niemanden finden!«

Einige jüngere Bücher riefen nun nach *Harry Potter*, ein Buch, von dem viele der alteingesessenen Werke lange nicht gewusst hatten, was sie davon halten sollten.

Vielleicht waren sie anfangs aber auch nur eifersüchtig gewesen, da die Reihe um den Zauberschüler zu den beliebtesten Werken der Bibliothek gehörte. Vor allem Barrie hatte gespürt, dass sein *Peter Pan* vielleicht nicht mehr ganz dagegen ankam, und erst Stimmung dagegen gemacht. Aber dann hatten er und Rowling sich überraschend gut verstanden, und auch viele ältere Bücher mussten zugeben, dass sie den Geschichten aus Hogwarts durchaus mit Spannung gelauscht hatten.

Capote forderte *Lolita*. Eigentlich hatte ihn nur der Tratsch am Anfang der Nacht interessiert, das Vorlesen war ihm egal. Aber er wollte provozieren, und tatsächlich sagte sofort jemand entrüstet, dass das Buch »viel zu versaut« sei. Nabokov nahm es mit einem süffisanten Rascheln hin.

Als nun Rufe nach *Moby Dick* laut wurden, meinte jemand: »Ich dachte, das soll eine Lesung werden, keine kollektive Einschläferung.«

Es war nicht klar, wer das gesagt hatte, die Bücher beschuldigten sich gegenseitig, aber den alten Melville konnte ohnehin nichts so leicht aus der Fassung bringen, und die Diskussion ging weiter. Ein Witzbold schlug gerade vor, *Pu, der Bär* aus seiner »Isolationszelle« im Ostflügel zu befreien, als plötzlich ein ohrenbetäubender Schrei durch den Saal hallte.

»Hört endlich auf! Ich hab diesen Mist so satt!«

Es war die tiefe Stimme Hemingways.

Die anderen Bücher wurden still, denn sie fürchteten sich vor ihm. Er war völlig unberechenbar. Mal konnte er ganz reizend sein, ein guter Zuhörer und fabelhafter

Erzähler. Aber genauso oft war er auch unwirsch, und gerade an Weihnachten kippte seine Stimmung fast immer.

»Verschone uns heute bitte mit deiner guten Laune, alter Freund«, sagte Fitzgerald nicht unfreundlich, doch Hemingway hörte weder auf ihn noch auf die Brontë-Schwestern. Einmal in Rage gebracht, war er kaum mehr zu stoppen, ereiferte sich lautstark über die anderen Bücher und flatterte aufgeregt mit den Seiten.

»Dieses verdammte Weihnachten. Jedes Jahr bin ich hier mit euch eingesperrt. Gebt mir ein Feuerzeug, damit ich den Laden endlich anzünden kann.«

Er klappte wie wild mit den Deckeln und wollte gar nicht mehr aufhören. Einige junge Bücher bekamen Angst.

»*Sileeeeeence!*«, rief es da laut. »*Mince, alors!*«

Es war Proust, der nun müde hervortrat.

»Immer dieser Lärm«, sagte er. »Da geht man einmal früh schlafen und wird mitten in der Nacht geweckt. Ich hab so schön geträumt.« Er rieb sich gähnend die Seiten. »Von einem ganzen Berg von Madeleines.«

Der letzte Satz war ein Scherz und beschwichtigend gemeint. Doch Hemingway verstand es falsch und war noch immer so außer sich, dass er sich zur schlimmsten Beleidigung hinreißen ließ, die man als Buch aussprechen konnte.

»Ach, halt die Schnauze, Marcel, auf dir liegt eh schon Staub!«

Sofort war es friedhofsstill.

Nach einem Moment des Schocks entschieden die umstehenden Werke nun, Hemingway gewaltsam zur Vernunft zu bringen. Mit einem gezielten Öffnen des Deckels beförderten sie ihn auf den kalten Marmorboden der Halle, wo er fluchend und mit einem dumpfen Knall aufprallte, der bis in die verlassenen Gänge der Bibliothek hinein zu hören war.

»Nicht die erste Schlägerei, die er verloren hat«, sagte jemand.

Die anderen Bücher flatterten aufgeregt mit den Seiten, dann aber hörten sie die knarrenden Schritte des Nachtwächters. »Er kommt wieder!«, riefen sie, »schnell, er ist gleich da.«

Als sich kurz darauf die Tür mit einem quietschenden Geräusch öffnete, war jedoch jeder auf seiner Position und presste die Seiten zusammen.

Mr. Stanley leuchtete mit seiner Taschenlampe mehrmals durch den Saal, und wenn ein jüngeres Buch vom Strahl des Lichts getroffen wurde, zuckte es innerlich auf …

Aber niemand rührte sich.

Der Nachtwächter wollte gerade gehen, da sah er Hemingway auf dem Boden liegen. Verwundert hob er das Buch auf und blätterte durch die Seiten. Blitzschnell drehte er sich um, er wusste genau, jetzt würde er den Übeltäter finden!

Doch seine Blicke prallten an den unzähligen Bücherregalen ab, die massiv und stumm in der Dunkelheit standen. Stille, Stille. Nur draußen sang ein Chor leise »Holy Night«, und vor dem Fenster fiel noch immer dichter Schnee.

Der Nachtwächter stellte Hemingway wieder an seinen Platz zurück. »Was ist nur jedes Jahr mit diesem Buch los ...«, murmelte er, dann schlurfte er aus der Halle und verschloss mit dem üblichen Seufzen die Tür hinter sich.

# Jostein Gaarder

## *Das Weihnachtsgeheimnis*

Es war in der Abenddämmerung. Die Weihnachts-
beleuchtung war eingeschaltet, dicke Schneeflocken
tanzten zwischen den Lichtern. Auf den Straßen wim-
melte es von Menschen.

Zwischen all den Eilenden gingen auch Papa und Joachim. Sie waren in die Stadt gefahren, um einen Adventskalender zu kaufen – leider aber erst in allerletzter
Minute. Morgen war schon der erste Dezember. Am
Kiosk und in dem großen Buchladen am Marktplatz
waren die Adventskalender schon ausverkauft.

Doch plötzlich zerrte Joachim an Papas Hand und
zeigte auf ein kleines Schaufenster. An einem Bücherstapel lehnte ein grellbunter Kalender.

»Da!«, sagte Joachim.

Papa drehte sich um.

»Gerettet!«

Sie betraten den winzig kleinen Buchladen. Joachim
fand alles darin alt und heruntergekommen. Die Wände
waren vom Boden bis zur Decke mit Bücherregalen zu-
gestellt, und in sämtlichen Regalen reihten sich die Bücher dicht an dicht. Kaum zwei davon sahen sich gleich.
Auf dem Ladentisch lag ein ganzer Stapel Advents-

kalender. Es gab zwei Sorten. Der eine Kalender zeigte vorn einen Weihnachtsmann mit Rentier und Schlitten. Auf dem anderen war eine Scheune zu sehen, in der ein winzig kleiner Weihnachtsmann aus einer großen Schüssel aß.

Papa hielt die beiden Kalender hoch.

»In dem hier sind Schokoladenfiguren«, sagte er. »Das findet der Zahnarzt wahrscheinlich nicht so gut. Im andern sind Plastikpüppchen.«

Joachim betrachtete die beiden Kalender. Er konnte sich nicht entscheiden.

»Als ich klein war, war das alles ganz anders«, sagte sein Vater.

Joachim blickte zu ihm hoch. Das wollte er doch gern genauer wissen.

»Und wie?«

»Damals war immer nur ein kleines Bild unter den Klappen des Kalenders, für jeden Tag eins. Aber wir waren trotzdem jeden Morgen von Neuem gespannt. Wir haben immer erst zu raten versucht, was für ein Bild wohl als Nächstes kommen würde. Und dann … ja, danach haben wir dann die Klappe aufgemacht. Es war, als ob wir die Tür zu einer anderen Welt öffneten.«

Joachim hatte plötzlich etwas entdeckt. Er zeigte auf eines der Bücherregale.

»Da ist noch einer.«

Er lief hinüber, holte den Adventskalender und hielt ihn seinem Vater entgegen. Der Kalender hatte vorn ein Bild von Josef und Maria, die sich über das Jesuskind in der Krippe beugten. Im Hintergrund knieten die drei

Weisen aus dem Morgenland. Vor dem Stall standen die Hirten mit ihren Schafen, und vom Himmel schwebten die Engel herab. Einer von ihnen blies eine Trompete.

Die Farben des Kalenders waren blass, als ob er einen Sommer lang in der Sonne gelegen hätte. Aber das Bild war so schön, dass Joachim beim Angucken fast ein bisschen traurig wurde.

»Den will ich«, sagte er.

Papa lächelte.

»Der ist bestimmt unverkäuflich. Ich fürchte, der ist sehr alt. Kann sein, so alt wie ich.«

Joachim ließ nicht locker.

»Die Türchen sind alle noch zu.«

»Der steht nur zur Dekoration.«

Joachim konnte den Blick nicht von dem alten Adventskalender wenden.

»Den will ich«, rief er noch einmal. »Den, der nur einmal da ist.«

Jetzt erschien der Ladenbesitzer. Es war ein weißhaariger Mann. Er machte große Augen, als er den Adventskalender sah, den Joachim in der Hand hielt.

»Ein wunderschönes Stück!«, sagte er. »Und noch … ja, noch ganz im Originalzustand. Er sieht beinah handgefertigt aus.«

»Mein Sohn möchte ihn kaufen«, erklärte Papa und zeigte auf Joachim. »Ich versuche, ihm zu erklären, dass er wohl unverkäuflich ist.«

Der weißhaarige Mann hob die Augenbrauen.

»Sie haben ihn … hier im Laden gefunden? Ich habe so einen Kalender seit Jahren nicht gesehen.«

»Er stand da vor den Büchern«, sagte Joachim und zeigte auf das Regal.

Der Buchhändler nickte.

»Das war wohl wieder der alte Johannes.«

Papa musterte den weißhaarigen Mann.

»Der alte Johannes?«

»Ja, ein komischer Vogel … Er verkauft auf dem Markt Rosen, aber niemand weiß, wo er sie herhat. Manchmal kommt er zu mir in den Laden und bittet um ein Glas Wasser. Im Sommer, wenn es heiß ist, gießt er sich schon mal den Rest über den Kopf, ehe er wieder geht. Zweimal hat er auch mich mit ein paar Tropfen bespritzt.«

Papa nickte, und der Weißhaarige fuhr fort:

»Als Dank für das Wasser legt er ab und zu ein oder zwei Rosen auf den Ladentisch … oder stellt ein altes Buch ins Regal. Einmal hat er das Bild einer jungen Frau ins Schaufenster gestellt. Es stammte aus einem fernen Land. Vielleicht kommt er ja selber daher. Auf dem Bild stand: *Elisabet.*«

Papa blickte dem Buchhändler in die Augen.

»Und jetzt hat er einen Adventskalender hinterlassen?«

»Sieht so aus.«

»Auf dem Kalender steht was«, sagte Joachim. Er las laut vor: »*Magischer Adventskalender. Preis: fünfundsiebzig Öre.*«

Der Ladenbesitzer nickte.

»Dann muss er schon sehr alt sein.«

»Kann ich ihn für fünfundsiebzig Öre haben?«, fragte Joachim.

Der weißhaarige Mann lachte.

»Ich glaube, du kannst ihn umsonst haben. Bestimmt hat ihn der alte Johannes genau für dich da hingestellt.«

»Tausend Millionen Dank«, antwortete Joachim, der schon mit dem Kalender unterwegs aus dem Laden war.

Papa gab dem Buchhändler die Hand, und gleich darauf stand auch er wieder auf der Straße.

Joachim drückte den Kalender an sich.

»Morgen mach ich ihn auf«, sagte er.


In der Nacht wurde Joachim immer wieder wach. Er dachte an den weißhaarigen Buchhändler und an Johannes mit den Rosen, die er auf dem Markt verkaufte. Einmal ging Joachim ins Badezimmer und trank Wasser aus dem Hahn. In dem Moment fiel ihm wieder ein, dass sich Johannes angeblich Wasser über den Kopf gegossen hatte. Vor allem dachte Joachim aber an den magischen Adventskalender, der mindestens so alt wie Papa war. Merkwürdig war nur, dass trotz dieses Alters niemals jemand die Türchen geöffnet hatte. Vor dem Schlafengehen hatte Joachim immer wieder alle Klappen von eins bis vierundzwanzig betrachtet. Für Heiligabend war das Türchen viermal so groß wie die anderen. Es reichte fast über die ganze Krippe im Stall.

Wo hatte nur der magische Adventskalender über vierzig Jahre verbracht? Und was würde passieren, wenn Joachim in ein paar Stunden die erste Klappe öffnete? Sie hatten den Kalender über sein Bett gehängt.


Als er wieder wach wurde und der Wecker sieben Uhr zeigte, stand Joachim auf und versuchte, das erste Türchen zu öffnen. Er war so nervös, dass er das Türchen kaum zu fassen kriegte. Schließlich gelang es ihm aber doch, eine Ecke loszupulen, danach ging alles ganz leicht.

Joachim starrte auf das Bild eines Spielwarenladens. Zwischen den Spielsachen und den Menschen davor standen ein kleines Lamm und ein Mädchen. Doch er konnte sich das Bild gar nicht genau ansehen, denn beim Öffnen des Türchens war etwas auf sein Bett gefallen. Er bückte sich und hob es auf. Es war ein dünner, viele Male zusammengefalteter Zettel.

Als er ihn auseinanderfaltete, sah er, dass auf beiden Seiten etwas geschrieben stand. Er versuchte, die winzige Schrift zu entziffern und las:

### Das Glockenlamm

»Elisabet!«, rief die Mutter hinter ihr her.

Elisabet Hansen hatte den großen Haufen Teddys und Kuscheltiere angestarrt, während ihre Mutter nach Weihnachtsgeschenken für die Cousinen suchte. Plötzlich sprang ein kleines Lamm aus dem großen Haufen. Es sprang auf den Boden und schaute sich um. Am Hals trug es eine Glocke, die jetzt mit den Registrierkassen um die Wette bimmelte.

Ein Kuscheltier mit einer Glocke um den Hals hatte Elisabet schon oft gesehen. Aber wie konnte ein Stofftier plötzlich lebendig werden? Elisabet war so verblüfft, dass sie einfach hinter dem Lamm herrannte, quer durch den Laden auf die Rolltreppe zu.

»Komm her, mein Lämmchen!«, lockte sie.

Bald stand das Glockenlamm auf der Rolltreppe, die zum nächsten Stockwerk hinunterführte. Die Treppe bewegte sich ziemlich schnell, und das Lamm war noch ein bisschen schneller. Elisabet musste jetzt also schneller sein als Rolltreppe und Lamm zusammen, wenn sie das Lamm noch einholen wollte.

»Komm jetzt, Elisabet!«, sagte in dem Moment ihre Mutter mit mürrischer Stimme.

Aber Elisabet war schon auf die Rolltreppe gesprungen. Sie sah, dass das Lamm durch das Erdgeschoss wanderte, wo Unterwäsche und Schlipse verkauft wurden.

Sobald sie wieder festen Boden unter den Füßen hatte, lief sie in dieselbe Richtung wie das Lamm. Das hatte jetzt schon die Straße erreicht, wo die Schneeflocken zwischen den vielen Weihnachtslichtern tanzten, die an dünnen Drähten über die Straße hingen.

Elisabet stieß ein Gestell mit Winterhandschuhen um und stürzte hinter dem Lamm her.

Draußen im Straßenlärm konnte sie kaum noch hören, ob im Kirkeveien eine Glocke bimmelte. Aber Elisabet gab nicht auf. Sie war fest entschlossen, dem Lamm das weiche Fell zu streicheln.

»Komm her, mein Lämmchen!«

Das Glockenlamm lief bei Rot über die Kreuzung. Vielleicht glaubte es, Rot bedeutete gehen und Grün stehen bleiben. Elisabet meinte sogar, in der Schule gelernt zu haben, dass Schafe farbenblind sind. Jedenfalls blieb das Lamm nicht bei Rot stehen. Deshalb konnte auch Elisabet nicht warten. Sie wollte unbedingt das Lamm einholen, und wenn sie ihm bis ans Ende der Welt folgen müsste.

Autos hupten, ein Motorrad konnte nur noch auf den Bürgersteig ausweichen, um weder Elisabet noch das Glockenlamm zu überfahren. Die Menschen, die unterwegs waren, um Geschenke einzukaufen, rissen die Augen auf. Schließlich rannte nicht jeden Tag ein kleines Mädchen bei Rot über den Kirkeveien, um ein Lamm einzuholen, das aus dem Kaufhaus geflohen war. Überhaupt kam es nicht sehr häufig vor, dass irgendwer mitten im Winter in der Stadt ein Lamm verfolgte.

Im Laufen hörte Elisabet die Kirchturmuhr dreimal läuten. Das war merkwürdig, denn sie wusste, dass sie mit dem Fünfuhrbus in die Stadt gekommen war. Vielleicht hatten die Zeiger es satt, Jahr um Jahr denselben Weg zurückzulegen, weshalb sie plötzlich die Gegenrichtung einschlugen. Elisabet überlegte sich, dass auch Uhren es langweilig finden könnten, bis in alle Ewigkeit immer dasselbe zu tun.

Aber das war noch nicht alles. Als Elisabet in das Kaufhaus gegangen war, war es fast dunkel gewesen. Jetzt war es plötzlich wieder hell. Das war doch sehr seltsam, schließlich war zwischendurch nicht Nacht gewesen.

In diesem Moment entdeckte das Lamm einen Weg, der aus der Stadt hinausführte, und lief auf ein Wäldchen zu. Dort sprang es in einen Hohlweg mit hohen Fichten darüber. Jetzt wurde das Lamm ein bisschen langsamer, denn der Pfad war in den letzten Tagen dick zugeschneit.

Elisabet lief hinterher. Auch ihr machte das Laufen jetzt Mühe. Aber das Lamm hatte vier Beine, die im Schnee stecken blieben, sie selber nur zwei. Vielleicht

68

würde dieser Vorteil helfen, den Vorsprung des Lamms aufzuholen.

Die Rufe ihrer Mutter waren längst nicht mehr zu hören. Aber etwas sang noch immer in ihren Ohren:

»Sollen wir lieber dies hier oder das da kaufen? Was meinst du, Elisabet? Oder besser beides?«

Vielleicht war das Lamm lebendig geworden und aus dem Kaufhaus fortgelaufen, weil es die vielen Registrierkassen und das ganze Einkaufsgeschwätz nicht mehr ertragen konnte. Vielleicht lief Elisabet aus dem gleichen Grund hinter ihm her. Sie war noch nie gern einkaufen gegangen.


Joachim blickte von dem dünnen Zettel auf, der aus dem magischen Adventskalender gefallen war. Was er gelesen hatte, war so erstaunlich, dass er beim Lesen mit halb offenem Mund dagesessen hatte.

Er hatte Geheimnisse schon immer toll gefunden. Jetzt fiel ihm die kleine Schatulle mit dem Schlüssel ein, die seine Großmutter ihm mal aus Polen mitgebracht hatte. Mama und Papa hatten ihm damals feierlich versprochen, nie nach dem Schlüssel zu suchen und die Schatulle zu öffnen, wenn Joachim schlief oder in der Schule war. Das wäre genauso schlimm, wie fremde Briefe zu lesen, hatten sie gesagt.

Bis heute hatte Joachim aber überhaupt keine richtigen Geheimnisse gehabt, die sich lohnten, in der Schatulle verschlossen zu werden. Doch nun tat er den dünnen Zettel aus dem Adventskalender hinein, drehte den Schlüssel um und schob ihn sorgsam unter sein Kopfkissen.

Als seine Eltern aufwachten und auch den Advents-kalender sehen wollten, zeigte er ihnen nur das Bild mit dem Lamm im großen Kaufhaus.

»Ach, weißt du noch?«, sagte Mama und sah Papa an. »Genau wie damals, als wir klein waren.«

Papa nickte.

»Da konnten wir uns in das Bildchen hineinträumen und dann den Rest selber dazudichten. Das war viel bes-ser als all die Plastikpüppchen heute, die früher oder spä-ter ja doch nur vom Staubsauger verschluckt werden.«

Etwas in Joachim lachte. Nur er wusste, dass im Ka-lender ein geheimnisvoller Zettel verborgen gewesen war.

Er zeigte auf das Glockenlamm und sagte:

»Das Lamm ist aus dem Laden weggelaufen, weil es die vielen Registrierkassen und das ganze Einkaufs-geschwätz nicht mehr hören konnte. Aber ein kleines Mädchen, das Elisabet heißt, rennt hinter ihm her, weil es sein weiches Fell streicheln will.«

»Hab ich's nicht gesagt«, nickte Papa. »Was soll unser Junge mit Plastikpüppchen?«

Im Lauf des Tages überlegte Joachim immer wieder, ob Elisabet das Lamm wohl einholen würde, um ihm das Fell zu streicheln.

Ob er es morgen erfahren würde?

Dann würde es doch wohl wieder einen dünnen Zettel geben?

# Nina George

## *Das Glasmesser*

Der Morgen des vierundzwanzigsten Dezember 2007 legte eine weiße, funkelnde Eisglasur über Paris.

Monsieur Perdu schlief in seinem Sessel vor dem Bücherregal, den Kopf vornübergebeugt auf ein Regalbrett gesunken. Der dreiundvierzigjährige Buchhändler war kurz vor Sonnenaufgang in der Abteilung »Romane gegen die fünf Leiden der Großstadt« (Hektik, Gleichgültigkeit, Klimaanlagen, Lärm und sadistische Busfahrer) mit dem Gesicht voran auf seinen verschränkten Armen eingeschlafen. Genau zwischen *Die Vermessung der Welt* und *Die Eleganz des Igels.* Er würde nicht lange so ruhen. Er hatte aufgehört, sich Morpheus' Lächeln rückhaltlos anzuvertrauen. Denn im Schlaf, da kamen die Erinnerungen. Die Träume, in denen er ertrank.

Und sie. Sie kam auch.

Jean Perdu hatte ihren Namen schon seit fünfzehn Jahren nicht mehr ausgesprochen.

Die letzten sieben Tage waren die hektischsten im ganzen Jahr gewesen. Bücher waren traditionell die letzte Rettung für alle, die jedes Mal völlig überrascht waren, dass Weihnachten tatsächlich schon wieder stattfand. In Jean Perdus Bücherschiff im Champs-Élysées-Hafen, der Pharmacie Littéraire, suchten sie in letzter Minute

Geschenke; für manchen war der Weihnachtseinkauf in der Literarischen Apotheke die einzige Viertelstunde im Jahr, in der sie freiwillig eine Buchhandlung betraten. Verlegen und ungeduldig sahen sie sich in dem umgebauten Lastkahn um, dessen Anblick sie mit seinen zehntausend Büchern, säuberlich in Regalen aufgereiht, schier erschlug. Die Bücher waren nicht nach Genre oder Abc geordnet. Auch eine Bestsellerliste oder Empfehlungen aus *Le Monde* und *Madame* suchte man vergeblich zwischen den Holzregalen, den dunkelroten Récamieren, dem blauen Piano und Katze Oscar.

Monsieur Perdu hatte seine Literarische Apotheke nach der Wirkung der Bücher sortiert.

Es gab Trostbücher, Mutbücher, Antistressbücher. Bücher gegen von A wie Autoritätshörigkeit bis Z wie Zehenschüchternheit. »Bücher für Leute, die man nicht mag (inkl. nahe und angeheiratete Verwandtschaft)« und »Bücher für Menschen, die nicht lesen«.

Für Jean Perdu waren Romane Medizin – und wie jede Arznei war nicht alles für alle gleich gut geeignet. Es machte keinen Sinn, eine Frau mit Liebeskummer mit dem feinsinnigen Balzac zu verkuppeln – Zartheit tat zu weh, weh wie zarte, brennende Fäden einer Feuerqualle. Entliebten empfahl Perdu Blutiges oder Magisches. Jules Verne, William Gibson, Anne Rice, das waren Charaktere, die rigoros jegliche Larmoyanz wegerzählten.

Oder Depressive. Die mussten auf keinen Fall zum Lachen, sondern zum Weinen gebracht werden. Ihre innere Versteinerung musste sich verflüssigen, und dafür eignete sich kaum jemand besser als Gavalda, Barbery,

Hosseini oder ein anständiger Isländer. Sie verwandelten Widerlinge zwar selten in Lämmer, aber zu Stein gewordene Herzen in Blut und Wasser.

Doch die Weihnachts-Eiligen brachten keine Zeit mit für eine Debatte über die derzeitige Seelenlage der zu Beschenkenden; es war ja schon schlimm genug, dass Weihnachten so plötzlich kam. Sie hatten keinen Sinn dafür, zu prüfen, ob der zu Beschenkende unter einem Dach mit Ingeborg Bachmann, Stephen King oder Claudia Piñeiro leben konnte, bis der Flohmarkt oder Umzug sie scheide.

Entsprechend waren die Kundengespräche: »Ich suche *Nazis mit Goldrand*.« – »Sie meinten: *Narziss und Goldmund*?« – »Narzissen, genau, meine Tante Françine mag Gartenbücher.«

»Da war neulich so ein Buch, da haben alle drüber geredet. Es war gelb.« – »Sie wissen zufällig nicht den Autor?« – »Nein, aber es war gelb. So viele gelbe Bücher kann es doch nicht geben, oder?«

»Ich brauche was für meine Mutter. Sie ist Schaffnerin.« – »Was liest sie denn gern?« – »Ach, die hat keine Zeit zum Lesen, aber sie hat da einen neuen Glastisch neben dem Sofa. Zeigen Sie mir doch ein paar richtig hübsche Bücher.«

Jean Perdu hatte sich, als er nach Mitternacht vor dem Heiligen Abend den letzten Kunden vom Schiff begleitet hatte, bei seinen Büchern für die unromantische Partnervermittlung entschuldigt. Er nahm sich sonst mehr Zeit, um Mensch und Buch zusammenzubringen.

Diese Romane würden ihr ganzes Leben mit ein und

demselben Menschen verbringen. Jean Perdu hatte kein Interesse, Jane Austen oder Maxim Gorki als Kulturtapete in einem Neureichenhaushalt verenden zu lassen; er prüfte die Leserinnen genau, ob sie fähig waren, ein Buch so zu lieben, wie es es verdiente.

Er war durch das ruhig und dunkel daliegende Bücherschiff gegangen, hatte die Buchrücken zärtlich berührt und sich vorgestellt, wie es wäre, wenn nicht die Bücher bei Menschen lebten. Sondern Menschen in Büchern einziehen könnten.

Er wäre sofort bereit, in einem Roman zu wohnen. Egal welchem.

*Nur nicht mehr hier sein.*

Hier, wo *sie* auch war.

Wo *sie* war und fehlte und fehlte, obgleich es sie schon so lange nicht mehr gab, dass er sich ans Fehlen hätte gewöhnen müssen. Jean Perdu wusste aus allen Büchern, dass das Fehlen niemals aufhörte.

Während er einen Stapel von *Nachtzug nach Lissabon* an die Kasse trug – ein Buch, das er häufig empfahl, es war ein ausgezeichnetes Breitbandantibiotikum gegen Lebenslähmung –, fragte er sich, warum er nicht wenigstens einen Tag, ein Weihnachten in einem Roman von Dickens, Flaubert oder Carol Higgins Clark verbringen konnte? Als jemand anderer oder als Weihnachtsbaum, als Schneegestöber, als …

*Oh? Was ist das denn?*

Neben der Kasse lag ein Brieföffner, einer, den Perdu noch nie gesehen hatte. Hatte ihn jemand vergessen?

Er setzte den Stapel *Nachtzug* ab.

Der Brieföffner war schwer und durchsichtig. Ein Glasmesser. Eine vierzehn Zentimeter lange Klinge, an der einen Seite scharf, an der anderen stumpf. Glatt und leicht. Aus einem Stück gefertigt, Perdu fühlte keine Naht. Wer immer das kostbare Messer vermisste, würde sicher wiederkommen. Er hielt das Glasmesser höher. Es war, als atmeten Sterne darin.

Perdu wurde von einer angenehmen Erinnerung überrascht. Einst wurden Bücher noch sorgfältig aufgeschnitten, Seite für Seite. Es war wie das Aufschließen einer Schatztruhe. Als Junge hatte er es geliebt, wenn er ein geschlossenes Buch bekam, an dem der Hohlschnitt noch nicht erfolgt war. Es hatte das Buch erst zu seinem gemacht, wenn er die Seiten trennte. Er hatte sich gefühlt, als öffnete er das gefährlichste Buch der Welt mit den größten Geheimnissen, als ginge er durch eine papierne Tür in andere Universen, andere Sternenalter, andere Zeiten, in denen auch er jemand ganz und gar anderer war …

Monsieur Perdu konnte nicht widerstehen. Er griff nach dem Glasmesser und führte die Klinge langsam unter dem Einband von *Nachtzug nach Lissabon* entlang und schlug das Buch auf.

Nichts passierte.

*Natürlich nicht.*

Er legte das Messer auf eine Sammelausgabe mit Geschichten über die Entdeckung Afrikas, atmete leise aus, verlegen ob seiner kindlichen Hoffnung, und räumte zunehmend müder Stapel Bücher hin und her.

Weihnachten in einem Buch verbringen. Ja. Das stände

ganz oben auf seinem Wunschzettel. Zur Not würde er mit dem Grafen von Monte Christo in einer Zelle ausharren, mit den Musketieren saufen oder mit Harry Potter bei den Weasleys …

Mit diesen seltsamen Gedanken war er schließlich eingeschlafen, den Kopf voran im Bücherregal, zwischen Kehlmann und Barbery, die höflich zur Seite gerückt waren.

In Frankreich war der vierundzwanzigste Dezember ein Tag wie jeder andere, am fünfundzwanzigsten war allgemeine feierliche Bescherung zwischen Champagner, Crevetten und Geschwisterstreit. Er musste also nur noch den vierundzwanzigsten durchhalten.

Perdu zuckte hoch, stieß sich den Kopf, fluchte »*Merde!*«, und rührte Kater Oscar auf, der ihm seit fünf Jahren auf dem Bücherschiff Gesellschaft leistete. Perdu hatte den molligen Streuner nach Oscar Wilde benannt, weil der dicke Kerl sphinxhaft aus seiner Regalecke herabschaute, während er bei den »Büchern für Katzenliebhaber ohne Katze« lag und sich hingebungsvoll alles leckte, was er bei seinem Fässchenbauch unfallfrei erreichen konnte.

»Ah, du rettungsloser Papierschiffer«, schnurrte Oscar jetzt aus dem Nebenfach, »du Buchdoktor, Literaturpharmazeut, du Besserwisser, Pariser Lebenddenkmal, du mit deiner Sorge um die anderen, du Papierschnüffler, du Wegrenner, läufst du nicht oft stundenlang durch Paris, bis du nichts mehr im Kopf hast außer Atem, ja? – Du hast Angst vor dem Leben außerhalb der Bücher und willst in einem wohnen?«

»Das ist nur vernünftig«, sagte Perdu. »Bei Büchern weiß man immerhin, wie es endet.«

Er rieb sich den angeschlagenen Kopf und zog sich aus dem Buchregal zurück, streckte sich. Himmel. Er sprach mit einer Katze. Oder vielmehr: Er bildete es sich ein. Irgendwann schlug die Übermüdung doch auf das Gehirn.

»Aber du könntest doch wirklich netter sein zu Menschen. In der Freizeit, meine ich«, redete der Kater weiter.

Irgendwie schien die Sonne zu hell für einen Dezembermorgen, fand Monsieur Perdu. Als er an das große Fenster trat, das er zur Seine-Seite hin in die Bootsflanke der *péniche* eingebaut hatte, mit Blick auf die Kathedrale Notre-Dame und die Brücken, Ausflugsschiffe und Saint-Germain, da wich er zurück. Er hielt unwillkürlich den Atem an. Sein Herz schlug schneller. Sein Magen hob sich, als fiele er in ein Luftloch.

Da war keine Notre-Dame mehr. Kein Saint-Germain. Da war nicht einmal mehr die Seine.

Als Monsieur Perdu an Deck trat, umfing ihn dicke, schwere Luft. Die Stadt war verschwunden. Stattdessen: ein großer, weiter Strom, umrandet von fremdem Grün, und darüber eine Stille, wie er sie nie gehört hatte. War er taub geworden?! Er klopfte gegen die Reling. Ein einsamer Laut erklang. Gut, er war schon mal nicht taub. Gut. Aber was war er dann?

Undurchdringliche grüne Mauern, dschungelartig, afrikanisch, mächtig, sah er dahinten. Auf Sandbänken davor lagen Flusspferde und Alligatoren. Die Sonne tat weh, sie fraß den Atem.

»Man will es nicht glauben«, sagte eine alte Stimme hinter Perdu, »dass wir auf das Herz der Finsternis sehen. Es versteckt sich in der Sonne, und doch ist es da. Es bewahrt unseren Tod auf, um ihn uns eines Tages wiederzugeben.«

Monsieur Perdu drehte sich um, Gänsehaut im Bauch.

Der Mann kam ihm vage bekannt vor. Sonnenfältchen um die Augen. Ein Blick, der Weite gewohnt war. Ein Seemann.

»Wir brauchen noch eine Weile, bis das Dampfschiff wieder flott ist. Weihnachten zu Hause, das kannst du vergessen.«

»*Pardon*, aber wer sind Sie doch gleich?«, fragte Perdu.

»*Pardon*? Ich? Wer ich bin? Jedenfalls keiner von den Kannibalen, Pilger.« Der Mann lachte. »*Pardon*. Wo kommst du denn her?«

Dann wurde der Seemann ernst. »Vielleicht träume ich dich ja auch nur. Die Hitze macht, dass wir Dinge sehen, die nur in uns sind. Die uns fehlen.«

Perdu schaute auf die Luke, die ins Innere des Bücherschiffs führte. Dort waren noch Regale und Bücher zu erkennen, schwach, wie hinter Nebel. Der Seefahrer zuckte mit den Schultern, wandte sich ab. »Würdest du einer Frau immer die Wahrheit sagen?«, fragte er auf dem Weg quer über das Boot. »Ich hab es nicht gekonnt. Ich weiß bis heute nicht, ob es richtig war. Ob die Lüge sie hat besser weiterleben lassen. Oder eben nicht. Ich denke seit Jahren daran. Seit Kurtz.«

Und erst als er diesen Namen nannte, erkannte Perdu ihn. Den »Wanderer«, den er schon verehrt hatte, als er selbst noch ein Knabe gewesen war.

Das war Marlow. Marlow!

*»Das Schlimmste, was man ihm nachsagen konnte, war, dass ihm sein Beruf nicht anzumerken war. Er war ein Seemann, aber auch ein Wanderer …«*

Aber das konnte nicht sein! Marlow war ein Flussschiffer, der auf dem Kongo, nicht auf der Seine, eine phantastische, wahnsinnige, grauenvolle Episode erlebt. Kolonialismus, Sklaverei, Tod. Er brachte die Briefe eines brutalen, rassistischen Elfenbeinhändlers Kurtz zu dessen nichts ahnender Braut nach Brüssel. Und lügt sie an, als sie die letzten Worte wissen will, die ihr ferner Geliebter sprach. Weil die Wahrheit sie brechen könnte, weil die Liebe die Lüge zum Leben braucht, da lügt Marlow, um ihr Leben zu retten, Marlow, der immer die Wahrheit sagt.

»Ihren Namen, den hatte er auf den Lippen«, behauptet er. Und wie großartig Kurtz gewesen sei, ein großartiger Mann.

Erst diese Worte lassen die Witwenbraut endlich wieder atmen. Unwissentlich einen Tyrannen geliebt zu haben, kann eine Frau innerlich töten.

»Die Liebe braucht den Betrug«, sagte Perdu. »Manchmal ist die Wahrheit zu bedrohlich für uns. Zu groß.«

»Gut, dass du das sagst, Pilger. Ich war mir nicht mehr sicher.«

Marlow.

Aber all das hatte Marlow nicht *wirklich* erlebt.

*Nicht wirklich.*

Der ehrbare, menschenfreundliche, auf der Suche nach dem weißen Fleck um die Welt bummelnde Flussschiffer Kapitän Marlow war eine Figur des Schriftstellers Joseph Conrad in der Erzählung »Herz der Finsternis« von 1899.

Was zum Teufel tat eine literarische Figur auf seiner Literarischen Apotheke?!

»Komm, Pilger, hilf mir mal mit dem Motor.« Der Kapitän winkte Perdu mit sich.

Das Bücherschiff änderte sich mit jedem Schritt. Es war wie ein flackerndes Fernsehbild, und aus dem verwischten Rauschen schälte sich ein anderes Schiff heraus. Ein altes Dampfschiff, wie es in Museumshäfen lag. Schließlich war die Literarische Apotheke ganz verschwunden.

Perdu atmete langsam ein und aus. Die feuchte Wärme war drückend, als atme er Schafwolle.

Perdu drängte sich ein leiser, unfassbarer Verdacht auf.

*Die Frage ist nicht, was Marlow hier tut.*

*Die Frage ist: Was tue ich hier?*

*Wo immer auch »hier« sein mag.*

Er sah aus dem Bullauge. Die grünen Wände waren untypisch für den Kongo. Vielleicht der Niger? Und Kurtz, er war tot … Das war die gute Nachricht. Perdu war nicht *in* dem Buch »Das Herz der Finsternis«.

Er war nur … *irgendwo in der Nähe.* In dem »Danach«.

Perdu hatte als junger Buchhändler, als er noch mehr an Träume als an Enttäuschungen glaubte, die Theorie gehabt, dass Figuren weiterleben, auch wenn der Roman zu Ende ist. Sie führen ihr Leben fort, unbeobachtet von ihrem Schöpfer. An einem geheimen Ort zwischen Sein und Nichtsein. Manchmal völlig hilflos, weil sie nicht mehr weiterwissen. Manchmal in einem ewigen Happy End. Und manchmal sitzen sie noch an ein und demselben Tisch, an dem der Autor sie zurückgelassen hat.

»Gib mir mal das Ding da«, verlangte Marlow. Perdu sah sich um. Eine Kiste mit Werkzeugen. »Ja, das da!«, wiederholte Marlow. Und deutete auf den durchsichtigen, schlanken Gegenstand.

Das Glasmesser!

»Schneide mal das Buch hier auf. Kam mit den anderen Sachen aus England. Weiß auch nicht, was man damit reparieren soll.«

Perdu hob das Messer hoch, es fühlte sich vertraut an, und als er es gegen das Licht hielt, sah er Paris, die funkelnden Sterne der grünen, roten, gelben und weißen Lichterketten, die sich über die Schiffe der Seine spannten.

Er nahm das Buch, das Marlow ihm hinhielt.

»Das fasse ich jetzt nicht«, flüsterte er, als er den Titel las.

»Ich auch nicht«, grinste Marlow. »Was denken die, dass ich hier eine hübsche Lady in Chinakrepp finde und ihr das Ding mit Teekuchen und Sherry bringe?«

Jetzt guckten sie beide auf den schmalen Einband. *Stolz und Vorurteil*. Jane Austen. 1813.

»Nimm's mit«, sagte Marlow. »Und das Messer. Nimm's besser mit, bevor die Finsternis es sich nimmt und die Zeit in alle Richtungen aufschneidet und wir durch die Ritzen fallen.«

Aber vielleicht sagte Marlow auch gar nichts, denn in dem Augenblick, in dem Monsieur Perdu das Glasmesser in die Hand nahm und die Seiten von Jane Austens Roman trennte, verschob sich das Bild der Realität erneut.

Der Dampfkessel flimmerte, rieselte wie Putz von einer Wand dahin und gab darunter etwas Fremdes frei.

Jean Perdu umklammerte das Glasmesser. Schnitt. Er spürte kühlenden, frischen Wind. Noch eine Seite. Der Duft nach Sommerwiese und Hagebutten. Noch einen Schnitt.

Jetzt nahm Perdu das sanfte Klirren von dünnem Porzellan wahr. Lachen. Er sah Frauen in weißer Kleidung, ein Sonnensegel. Hörte Pferde wiehern.

Als er einen Schritt nach vorne tat, fühlte er, dass sich seine Füße auf festem, aber leicht nachgiebigem Untergrund befanden.

»Mach's gut, Pilger«, sagte Marlow.

Jean Perdu sah sich um, aber da verschwand das Dampfschiff auf dem Niger schon hinter Mangroven, die zu Zierbüschen wurden, und der Himmel war nun hoch und blau.

Er sah herunter: englischer Rasen.

*Das kann doch nicht wahr sein?*

»Fitzwilliam Darcy! Wollen Sie uns nicht Ihren gut aussehenden, schüchternen Begleiter vorstellen, der sich da so apart hinter den Wicken und der Kamelie verbirgt?«

Der Angesprochene drehte sich zu Monsieur Perdu um.

»Wer sind Sie denn?«, fragte er nicht ganz unfreundlich. Er schien eher überrascht, wo auf einmal dieser Kerl herkam.

»Ich? Ich bin ein Freund, der … der Familie Austen. Und der Brontës. Sie kennen die Brontë-Schwestern? Ganz ungewöhnlich begabte Geschöpfe. Sie schreiben Romane.«

»Äh … ich bin mir nicht sicher«, erwiderte Darcy. Er schaute an Jean Perdu auf und ab.

»Nun gut, Freund der … Wie sagten Sie? Der Austens? Brontë-Schwestern? Schön. Und wie darf ich Sie vorstellen?«

»Mein Name ist John. John Lost«, entschied Jean Perdu rasch. »Ich bin auf der Durchreise. Sozusagen.«

»Aha. Und haben Sie zu dem Picknick noch etwas beizutragen außer Ihrem Buttermesser?«

Jean hielt immer noch das Glasmesser in der Hand. Das Buch von Jane Austen war verschwunden. Er befürchtete, er wusste genau, wo es diesmal war: *irgendwo in der Nähe.*

»… und dann machte er ihr doch glatt einen Heiratsantrag, ich meine, wieso? Sie können sich nicht ausstehen!«

»Es wäre nicht das erste Mal, dass sich ein Ehepaar nicht ausstehen kann.«

Gelächter. Geklirre.

»Kommen Sie, John Lost. Wir sind immer neugierig auf Gäste, die die weite Welt mitbringen. Sagen Sie, woher haben Sie diese … Was tragen Sie da für einen interessanten Hemdkragen?«

»Meine Güte, lass ihn doch, Sylvie, man sollte meinen,

er wäre ein Ferkel, das Fitzwilliam aus dem Zylinder gezaubert hat. Lass ihn. Kommen Sie, nehmen Sie ein Scone, Mister Lost. Und Sie sind nicht von hier?«

»Die Kanalinseln, Mylady, mit französischer Gouvernante«, behauptete er und setzte sich auf die Picknickdecke. Um ihn herum befand sich eine Teegesellschaft, die ein englisches Picknick *al fresco* machte. Inklusive Butler und Dienstmädchen, die Frauen trugen Handschuhe, die Männer Hut und Halstücher, die mit Perlennadeln verziert waren. Fitzwilliam schlug ihm aufmunternd auf die Schulter. »Ich für meinen Teil würde Ihnen raten, sich als Ehemann auszugeben. Ansonsten wird man diverse Töchter und Cousinen auf Sie loslassen. Als ob Frauen nichts anderes im Sinn hätten, als Männer zu jagen.«

»Oh, Frauen haben weit mehr als das im Sinn, wir Männer sind ja nun nicht wirklich abendfüllend«, sagte Perdu.

Stille. Geschminkte Augen musterten ihn. Argwöhnisch, neugierig. Augenbrauen wölbten sich gen Himmel.

»Ach?«, sagte Elizabeth Bennet. »Wer hat Ihnen das denn verraten? Das sollte doch ein Geheimnis bleiben.«

Und Lady Mary ergänzte: »Genau. Was sind schon Männer im Vergleich zu einem anständigen Blackpudding?«

Entspanntes Gelächter. Man wandte sich dem Essen zu.

»Meine teure Freundin Elizabeth hat es wieder auf den Punkt gebracht«, flüsterte Darcy Jean zu. »Sie ist ein seltsames Geschöpf. Sie macht mich rasend, aber gerade deswegen sehe ich keine andere Frau mehr an. Kennen

Sie das? Wenn alles, was nur schön ist, Ihnen auf einmal blass vorkommt? Und jede gepflegte Konversation Verschwendung von Lebenszeit und Leidenschaft ist?«

Perdu nickte. »Ich kannte eine Frau, die war weder schön noch unkompliziert. Sie war stark und stolz, und nichts war mir lieber, als sie anzusehen. Sie hasste Phrasen und schwieg lieber stundenlang, als die Stille mit Nichts zu füllen. Sie wollte mir niemals gefallen, und deswegen gefiel sie mir.«

Darcy sagte: »Hört, hört«, und stieß seine Tasse gegen Perdus. Er lupfte rasch eine Serviette, darunter kam ein Fläschchen zum Vorschein. »Highland Whisky, 1798«, flüsterte er. »Diese Picknicks sollte man nie nüchtern angehen.« Der Whisky sah aus wie Tee. Mister Darcy und Monsieur Perdu stießen an.

Jane Austens England war anders, als er es sich vorgestellt hatte. Vor allem roch es etwas strenger. Die Zeit der regelmäßigen Körperhygiene war noch nicht gekommen.

Offenbar waren Elizabeth und Darcy – beide Anfang zwanzig und seltsamerweise viel reifer als die Zwanzigjährigen im Paris der frühen nuller Jahre – gerade in der Waffenstillstandsphase. Aber sie hatten sich noch nicht gefunden. Lizzy sah attraktiv aus, ihre Augen klug.

»Und dann?«, fragte Darcy. »Was geschah mit der Frau, die Ihnen nicht gefallen wollte, Mister Lost?«

»Sie heiratete einen anderen.«

»Oh. Aber hatte das wirklich etwas zu bedeuten?«

»Da, wo ich herkomme, heiraten die Leute meist aus Liebe.«

»Erstaunlich. Ob das jetzt in Mode kommt?«

»Es steht zu befürchten. Sie sollten es einmal ausprobieren.«

Wieder stießen sie an. Elizabeth beobachtete sie unter gesenkten Lidern genau.

»Und wo kommen Sie wirklich her?«, fragte Darcy leise.

»Nehmen Sie es mir nicht übel, aber Ihre Kleidung, Ihr Akzent, sogar Ihr Haarschnitt … Es ist doch alles sehr fremd. Auf den Kanalinseln trägt man das meines Wissens nicht, Mister John Lost. Also, aus welchen Gefilden sind Sie an unsere Ufer getrieben?«

Perdu hielt das Glasmesser fester.

*Das würdest du mir nie glauben, Darcy.*

»Ach, wissen Sie … ich bin Buchhändler.«

»Buchhändler! Wie exotisch!«, zwitscherte die Frau, die von den anderen Sylvie genannt wurde. Sie hatte gelauscht. »Ich habe gehört, es gibt inzwischen Frauen, die schreiben! Finden Sie das nicht auch ganz und gar grässlich? Und so widernatürlich!«

»Ich finde es ganz und gar wunderbar, Mylady.«

Lizzy lächelte und prostete ihm zu. Sylvie wandte sich schockiert ab. Lady Mary flüsterte mit Mister Bingley.

Es war wundervoll, Lizzy und Darcy zu beobachten. Wie sie versuchten, umeinander herum zu schauen, wie sich ihre Körper dennoch immer wieder einander zuwandten, als stellten sie sich pausenlos Fragen. Willst du mich? Siehst du mich? Magst du mich wirklich nicht? Kannst du mich nicht doch ein wenig wollen, so, wie ich dich?

»Also, ich habe da neulich ein Buch gelesen, das von

einem Mann war und wirklich sehr erbaulich. Ich könnte mir nicht im Mindesten vorstellen, dass eine Frau so etwas jemals auch nur fühlen könnte!« Sylvie zog ein Buch hervor.

»*Die Geschichte des Fräuleins von Sternheim.* Von Christoph Martin Wieland. Oh, es ist so empfindsam! So klug können wirklich nur Männer das Wesen des Menschen und der Frau beschreiben, glauben Sie mir.«

Monsieur Perdu verzichtete darauf, Sylvie aufzuklären, dass Wieland das Pseudoandronym von Sophie von La Roche aus Kaufbeuren war, und La Roche 1771 diesen ersten deutschsprachigen Roman schrieb, sich aber durch einen Männernamen vor Behörden und Gesellschaft schützte. Manchen galt das *Fräulein von Sternheim* als Urmutter des »Frauenromans«, wobei Perdu nie verstanden hatte, was das sein sollte – es gab für ihn nur Geschichten, gute oder weniger gute. Trotzdem betete er darum, dass er nicht im *Fräulein von Sternheim* landen würde. Er entfernte sich immer weiter von 2007.

Aber vielleicht war es auch andersherum: Vielleicht waren die Bücher real und die Wahrheit nur ausgedacht?

Er nippte an dem Whisky und fragte sich, wie er jemals wieder aus den Romanen herauskommen sollte. Oder ob er irgendwo in ihnen sterben würde, am Rande eines Schlachtfeldes von Margaret Mitchell oder auf hoher See mit Homer.

»Vorsicht vor erfüllten Wünschen, mein Sohn«, hörte er die mahnende Stimme seiner Mutter Lirabelle. »Gerade zu Weihnachten. Man weiß nie, was man bekommt, wenn man kriegt, was man will.«

»Mister Lost. Ich glaube, ich benötige dringend belletristische Beratung«, rief Elizabeth. »Begleiten Sie mich in die Bibliothek meines Vaters?«

Sie warf Darcy einen herausfordernden Blick zu und stand auf. Jean ebenfalls, um ihr nachzugehen.

*Oh, oh. Miss Austen, wenn Sie gerade den Roman schreiben, wären Sie so nett und würden mich bitte nicht als Rivalen von Mister Darcy einführen? Wirklich, dazu eigne ich mich ganz und gar nicht. Bitte. Miss Austen? Miss Austen? Miss …*

»Haben Sie gehört, was ich sagte, Mister Lost? Sonst nicken Sie einfach höflich, das reicht einer Frau als Konversation.«

Sie betraten die Bibliothek, ein hoher Raum mit gebundenen Büchern hinter dünnem Vitrinenglas. Elizabeth Bennet ging zu einem Regal hinter einem alten Drehglobus und zog ein Buch hervor. Es war in rotes Leder gebunden.

»Verzeihung, Miss Bennet. Wie kann ich Ihnen denn behilflich sein?«

»Ich habe da dieses seltsame Buch gefunden. Ich lese viel, aber hier ist weder der Autor genannt noch Titel, Ort und Datum des Drucks … Vielleicht kennen Sie es? Der Mann, um den es darin geht, er heißt … Moment … Ah, da ist es. Er heißt Jean Perdu. Fast ein Namensvetter von Ihnen, oder irre ich da?«

Er spürte, wie ihm das Blut aus den Wangen wich. »Zeigen Sie es mir, bitte«, sagte er.

Elizabeth reichte ihm den roten Roman, der fast tausend Seiten dick zu sein schien.

»Mein Vater sagt, er kann sich nicht daran erinnern, es gekauft zu haben. Meine Schwestern sowieso nicht – ich meine, wir sind miteinander verwandt, und ich sollte nichts Despektierliches über sie sagen. Aber sie waren nie so in Büchern, wissen Sie.«

»*In* Büchern?«

»Nun ja, wer wirklich gerne liest, der lebt doch definitiv mehr in Büchern als in der Realität.«

Er schlug das Buch ohne Titel auf.

*Dort.* Dort stand es. Wie sie sich kennengelernt hatten – im Zug von Marseille nach Paris –, wie sie geweint hatte vor Heimweh, wie er ihr Bücher in ihre Wohnung auf dem Montmartre brachte, damit sie mehr weinen konnte. Wie sie einander immer häufiger sahen, und dann – der erste Kuss. Wie sie geraunt hatte: »Ich darf das nicht tun. Aber ich muss.«

Wie Manon ihn getrunken hatte. Das erste Mal, und dann immer, all die fünf Jahre. Ihre gemeinsamen Tänze. Ihre Ausflüge in das Finisterre. Zu den alten Kirchen. Sie hatte nie an die Kirche geglaubt, aber daran, dass alles blieb und nichts verloren ging. Sie hatte in den alten, steinernen Kapellen der Bretagne für ihn gesungen. Jedes Mal hatte er geweint vor Glück, sie zu kennen, und dass er es war, den sie so gerne anschaute. Eigentlich war sie zu schön für ihn. Zu erstaunlich. Und doch gab es nichts, was er falsch machen konnte.

*Ob in den Kapellen immer noch das Echo ihrer Stimme auf mich wartet?*

Er blätterte weiter und las, was ihm so bekannt war. Er las sein eigenes Leben, das so fremd war, das in einem Buch gefangen war, in Buchstaben gereiht, ganz so, als ob es ausgedacht wäre und als ob jemand genau wüsste, wie das Ende aussähe, sein Ende …

»Es ist eine berührende Geschichte, ist es nicht?«, fragte Elizabeth. »Manon liebt den Winzer, aber sie liebt auch den Buchhändler, der Bücher wie Medizin verkauft. Diese fünf Jahre, ein Rausch. Ich beneide Manon für ihren Mut, für ihre Liebe. Sie lebt vier Leben in einem … und keines davon ist falsch, wissen Sie, ich glaube, dass es das gibt: Menschen, die mehr lieben können als andere. Aber dann, an diesem furchtbaren Weihnachten, als sie …«

»Ich weiß«, antwortete er. »Als sie ihn das zweite Mal verlässt. Für immer. Und er nicht da ist. Weil er dumm ist. Weil er unglaublich dumm und klein ist.«

Elizabeth schaute Monsieur Perdu überrascht an. »Ach! Sie kennen die Geschichte?«

»Bis zu einem gewissen Punkt kenne ich sie.«

Er blätterte weiter.

Sein Herz raste, in seinen Ohren knackte es. Ihm war übel.

Sein Leben. Er konnte jetzt und gleich erfahren, wie alles endete. Ob er dumm blieb oder ob er eines Tages wüsste, was er tun sollte.

Aber die Seiten wollten nicht. Die hinteren Seiten des roten Buches waren noch geschlossen!

»Wer hat diese Geschichte bloß geschrieben?«, hörte Perdu Lizzys Stimme aus großer und doch naher Ferne.

Er nahm das Glasmesser aus der hinteren Hosentasche

und setzte die Schneide in dem Schlitz zwischen zwei Seiten an.

»Ich glaube, ich weiß es«, sagte er.

Und führte das Messer mit einem Ruck nach oben.

Diesmal war es kein sanfter Übergang.

Es war, als fiele er direkt durch den roten Orientteppich, den gewachsten Dielenboden, durch den englischen Rasen hinein in ein Nichts aus Finsternis und Schweigen.

Er fiel durch die Zeit. Doch auf einmal wandelte sich das Fallen, das Sinken, und wurde zu einem Aufstieg. Es war, als strömte er immer schneller nach oben, durch Wasser und Welten. Er sah sich selbst, kaum so alt, um über den Tisch zu blicken, sah sich zu Weihnachten, mit seiner Mutter und dem Vater, sah das indische Weihnachten seines besten Freundes, und wie er mit Vijaya über Mädchen gesprochen hatte, leise, auf dem Dachboden, und wie sie Sätze und Gesichter übten, um den Mädchen zu gefallen.

Er fiel in seine Jugend, seine Buchhändlerlehre, und er fiel direkt in Manon. Ihr Körper umschlang seinen, und da war er wieder: der tiefe Frieden, der daraus entsteht, genau am richtigen Ort zu sein.

Manon war der Ort, an dem er zu Hause gewesen war.

Er spürte nicht, wie sehr er weinte, als sie in die Dunkelheit gerissen wurde, aus der er gerade gekommen war.

Er griff nach ihr, und als er seine Hand öffnete, ließ er das Glasmesser los.

Es fiel in die Schwärze, diese weiche, fließende Schwärze, aus der er in entgegengesetzter Richtung herausstieg wie aus einem Traum und dem Erwachen entgegen.

Er hielt das Buch fest. Und doch spürte er, wie es sich aus seinen Fingern wand. Er sah, wie das Weihnachten 2007 an ihm vorbeiströmte, sah sich in dem Buchregal schlafen, sah, wie er einem Leben entgegenfiel. Es war seines, da war ein junger Mann, da war das Südlicht, da war ein Weihnachten an einer langen Tafel, ein Mädchen, das so aussah wie …

Dann durchstieß er die Oberfläche.

Das Buch entglitt seiner Hand.

»Nein!«

Monsieur Perdu stieß sich schwer den Kopf.

*»Merde!«*

Perdu zuckte ein zweites Mal, tat sich den Kopf erneut weh und scheuchte Kater Oscar auf, der fauchend aus dem Nebenregal sprang und beleidigt davonstolzierte. Na, eher davonwackelte, ein Kissen auf vier Beinen.

Jean Perdu zog sich aus dem Buchregal zurück, in dem er geschlafen hatte. Dann streckte er sich.

Unwillkürlich sah er sich um, ob das rote Buch da war. Irgendwo. Wenn die Vergangenheit doch aufbewahrt würde, und mit ihr all seine Liebe. All sein Zuhause. Und auch der Mann, der er einstmals gewesen war.

*Wie sollte es? Es war doch nur ein Traum. Ein verrückter Weihnachtstraum.*

Aber Manon.

Sie hatte ihn noch einmal umfasst. Sie war nicht fort.
*Nichts ist verloren.*

Monsieur Perdu ging mit einem sanften, seltsam hellen Gefühl in das kleine Schiffsbad, um sich das Gesicht zu waschen.

Schon begannen die Bilder seiner Traumreise zu verblassen, während das kalte Wasser seine getrockneten Tränen abwusch.

*Ein magisches Glasmesser, das Löcher in Papier und in die Zeit schnitt und Menschen in Romane brachte? Unmöglich.*

Er schloss die Luke zum Quai auf. In einer Viertelstunde würden die ersten Kunden kommen. Heute war der vierundzwanzigste Dezember. Und es gab immer jemanden, der davon so überrascht war, dass er auf der Suche nach Geschenken in einer Buchhandlung landete.

Als er zwischen seinen Büchern entlangging, die er nach ihrer Wirkung angeordnet hatte und nicht nach dem Abc, dachte Monsieur Perdu, dass sie alle auf eine Weise das Leben aufbewahrten. Dass Bücher die einzigen Orte der Welt waren, wo Gefühle sicher aufgehoben waren. Unzerstörbar.

*Aber in einem Buch wohnen? Unsinn. Wenn mein Leben ein Roman wäre, dann wüsste ich es.*

Irgendwo in seinem Bücherschiff rutschte ein rotes Buch ohne Titel hinter ein Regal.

# Erich Kästner

## *Weihnachtschor der Buchhändler*

Wir sind das Völkchen der Denker und Dichter.
Treten Sie näher, kaufen Sie ein!
Und schneiden Sie nicht so saure Gesichter.
Hier gibt es Bücher, treten Sie 'rein!

Uns wird das Zelt und die Brust zu eng.
Überall häuft sich die Literatur.
Bücher kaufen reinigt den Teint.
Bücher lesen verjüngt die Figur.

So greifen Sie doch in die Bücherberge!
Das Buch wird billig, der Geist wird stark.
Schenken Sie Schulzes *Gesammelte Werke*.
Der Opelpreisträger für eine Mark.

Das Superlativste der Superlative
bringen wir dieses Mal in Vertrieb.
Kaufen Sie umgehend Haarmanns Briefe,
die er während der Hinrichtung schrieb.

*Den Kampf mit den Gracchen* von Felix Dahn
kann man für zwei fünfundachtzig haben.
Kaufen Sie unseren Nachkriegsroman
*Als Scheuerfrau im Schützengraben.*

Wer Bücher schenkt, der schenkt was Reelles.
Denn Bücher lesen erhält den Staat.
Kaufen Sie Bülow, kaufen Sie Wallace.
Nährt euch von Bestselleriesalat!

Hier gibt es Bücher, Verleger, Autoren.
Blättern Sie, bitte, darin herum!
Ein Schrei bricht der Literatur aus den Poren:
Es fehlt nur an einem, am Publikum!

Drum schrein wir im Chor und schrein um die Wette.
Treten Sie näher, kaufen Sie ein!
Der deutsche Christbaum als Bildungsstätte!
Kommense rüber! Tretense 'rein!

# Franz Hessel

## *Lektüre unterm Weihnachtsbaum*

Wie schön war die Zeit, als man noch las, ohne zu verstehen!

Da hat man zum Beispiel zu Weihnachten den *Tell* geschenkt bekommen, Schillers *Wilhelm Tell*. Man war erst acht Jahr alt. In der Schule wird dieser *Tell* erst in zwei Jahren gelesen werden. Neugierig hat man sich den *Tell* gewünscht, des Namens wegen. Am Heiligen Abend hat das Kind das kleine blaue Buch eigentlich nur gestreichelt und bisweilen, Marzipan kostend, hineingeschaut. Nun aber ist Feiertagsmorgen. Das Kind ist ganz allein in der guten Stube, in welcher der Weihnachtsbaum steht. Es streift an der Seite des Tisches, wo seine Geschenke liegen, die für die Nacht übergeschlagene Decke zurück, nimmt das Buch heraus, setzt sich auf den Schaukelstuhl. Aber das ist noch nicht der richtige Leseplatz. Es wechselt hinüber zum Sessel, vor dem die Fußbank ist. Es kniet auf die Fußbank, legt das Buch auf das blaue Eiderdaunenkissen, das sich in den Sessel schmiegt, schlägt auf, liest.

Erst kommen die Verse vom Fischerknaben, vom Hirten und vom Alpenjäger. Die liest es noch nicht so genau. Die schaukeln schnell von Zeile zu Zeile und gehen sanft ein. Aber dann kommt Ruodi, der Fischer, aus der Hütte und beginnt: »Mach hurtig, Jenni. Zieh die Naue ein.«

Naue! Wie geheimnisvoll. »Der graue Talvogt kommt, dumpf brüllt der Firn.« Das sind Sturmgeister. Sie brausen daher. Und was der Fischer ankündigt, bestätigt der Hirt: »'s kommt Regen, Fährmann. Meine Schafe fressen mit Begierde Gras, und Wächter scharrt die Erde.«

Was tut da die Erde? Sie scharrt Wächter? Scharrt, weil sie sich fürchtet vor dem Sturm, vor all den bösen Wesen, dem Talvogt, dem Firn, dem Mythenstein mit seiner kriegerischen Haube, Wachtposten empor. Wächter scharrt die Erde!

Später, wenn man dann den *Tell* in der Schule »hat«, kommt heraus: Die Naue ist ein Boot, der Mythenstein ist ein Berg. Und nicht die Erde scharrt Wächter, sondern der Hund, der Wächter heißt, scharrt die Erde. Ist auch ganz schön, aber eigentlich war es noch schöner, als man noch nicht verstand … als sie selbst, die Göttin, die Erde, scharrte – mitten im Weihnachtszimmer, durch dessen Tannen- und Marzipanduft ferner Sturm brauste, als noch die Zeit war, da man Mythen schuf rings um das schmal behütete Kinderreich, die Zeit, da in dem schönen Lied von der »Brigg dort auf den Wellen« zuletzt das verlorene Boot des Retters von einem Dämon ans Land getrieben wird. Kieloben heißt der Dämon! »Kieloben treibt das Boot zu Lande, und sicher fährt die Brigg vorbei.« Ja, da hockte man, von Geistern umgeben. Sie waren unheimlich, aber anhaben konnten sie einem doch nichts. Ein Ästhet war man, ein reiner Genießer, hatte eine angenehme Art mit Tod und Teufel zu verkehren …

Wie schön war die Zeit, als man noch las, ohne zu verstehen!

# Kurt Tucholsky

## *Weihnachten*

Nikolaus der Gute
kommt mit einer Rute,
greift in seinen vollen Sack –
dir ein Päckchen – mir ein Pack.
Ruth Maria kriegt ein Buch
und ein Baumwolltaschentuch,
Noske einen Ehrensäbel
und ein Buch vom alten Bebel,
sozusagen zur Erheiterung,
zur Gelehrsamkeitserweiterung …
Marloh kriegt ein Kaiserbild
und nen blanken Ehrenschild.
Oberst Reinhard kriegt zum Hohn
die gesetzliche Pension …
Tante Lo, die, wie ihr wisst,
immer, immer müde ist,
kriegt von mir ein dickes Kissen. –
Und auch hinter die Kulissen
kommt der gute Weihnachtsmann:
Nimmt sich mancher Leute an,
schenkt da einen ganzen Sack
guten alten Kunstgeschmack.
Schenkt der Orska alle Rollen

Wedekinder, kesse Bollen –
(Hosenrollen mag sie nicht:
dabei sieht man nur Gesicht ...).
Der kriegt eine Bauerntruhe,
Fräulein Hippel neue Schuhe,
jener hält die liebste Hand –
Und das Land? Und das Land?
Bitt ich dich, so sehr ich kann:
Schenk ihm Ruhe – lieber Weihnachtsmann!

# Hans Fallada

## *Familienbräuche*

Es gibt Steckenpferde, die nur den Einzelnen befallen, es gibt aber auch Steckenpferde, von denen ganze Familien heimgesucht werden. In unserer Familie haben alle bevorzugt ein und dasselbe Steckenpferd geritten, das war die Leidenschaft für Bücher. Dies Steckenpferd ritten wir alle zur Vollendung. Vater wie Mutter, Schwestern und Brüder. Als wir noch sehr klein waren, hatten wir doch schon ein Bücherbrett für unsere Bilderbücher, und dies Brett wuchs mit uns, es wurde zum Regal, dann holte es uns ein und wuchs uns über den Kopf. So sparsam Vater auch war, ein gutes Buch zu kaufen, reute ihn nie; ein Buch zu verschenken, freute ihn ebenso wie den Beschenkten.

Da Vater auf Ordnung hielt, wurde es in unserm Hause nie so schlimm wie bei einem Manne, den ich in späteren Jahren kennenlernte und der ein wahrer Büchernarr war. Ihn freute es schon, Bücher zu besitzen, er musste sie nicht etwa auch lesen. Er füllte sein ganzes, nicht ungeräumiges Haus mit Büchern, für die Menschen war keine bleibende Stätte mehr darin. Die Bücher breiteten sich über das ganze Haus aus wie die Wasserpest in einem Teich.

Seine Frau focht manchen wackeren Streit mit dem

Narren, aber sie unterlag immer. Die Bücher verdrängten sie aus Kleider- und Wäscheschränken, sie lagen unter den Betten und auf allen Tischen, sie häuften sich auf den Teppichen, sie besetzten jeden Stuhl. Die Frau brauchte nur einmal einkaufen zu gehen, so hatten die Bücher schon wieder eine Position erobert.

Als sie einmal bei ihrer Heimkehr auch die Speisekammer von Büchern besetzt und erste Vortrupps schon in den Küchenschrank eingedrungen sah, gab sie den Kampf auf und verließ das Haus. Ich weiß nicht, ob ihr Mann dies schon gemerkt hat, er besaß die seltene Fähigkeit, nur von Brot und Äpfeln zu leben. Ich denke ihn mir gerne, wie er allmählich von seinen Büchern begraben wird. In tausend Jahren wird man ihn vielleicht platt gedrückt, aber wohl mumifiziert unter einem Berg von Broschüren finden, die immer noch darauf warten, von ihm gelesen zu werden.

Von solchen Ausartungen eines an sich löblichen Steckenpferdes konnte in unserer Familie nicht die Rede sein. Bei uns wurden Bücher nicht nur gesammelt, sondern auch gelesen. Um sie zu diesem Zweck jederzeit auffinden zu können, mussten sie in Reihen übersichtlich aufgestellt werden. Schon Doppelreihen waren verpönt, so sehr auch Platzmangel wie Tiefe mancher Regale dazu verlocken mochte. Das Auge musste alle Schätze stets vor sich haben, es genügte nicht, sie im Dunkel hinter einer andern Bücherreihe vegetierend zu wissen. Auch Bücher hinter Glas oder gar hinter Schranktüren durften nicht sein, ein Buch wollte nicht gesucht werden, es musste für die Hand bereitstehen. Alle diese Leitsätze der Bücheraufstellung waren vom Vater praktisch erprobt, er konnte auch sehr fließend darüber sprechen, wie Bücher zu ordnen seien ...

Infolge dieser etwas weitläufigen Aufstellung breiteten sich auch bei uns die Bücher allmählich über die ganze Wohnung aus, es gab in jedem Zimmer welche, und mein Auge hat sich von Kind auf so daran gewöhnt, dass mir noch heute ein Zimmer ohne Bücher nicht so sehr nackt wie vielmehr unbekleidet vorkommt. Vater besaß – sein juristisches Rüstzeug nicht gerechnet, das auch beträchtlich war – etwa dreitausend Bände, Itzenplitz reichte an die tausend, Fiete, die das Steckenpferd am wenigsten leidenschaftlich ritt, etwa vierhundert, ich, obwohl drei Jahre jünger, etwa ebenso viel, und der kleine Ede auch schon über zweihundert Bände. Da also etwa fünftausend Bände in unserer Berliner Wohnung versammelt waren, so konnte es vorkommen, dass trotz aller Ordnung manchmal das eine oder andere grade begehrte Buch nicht sofort gefunden wurde. Man beruhigte sich dann im Allgemeinen damit, dass irgendein anderes Familienmitglied das Buch wohl grade lese, und fand es denn auch nach kürzerer oder längerer Zeit wieder an seinem Platze vor.

Zu einem gewissen Zeitpunkt unseres Berliner Aufenthaltes aber nahmen diese Fehlstellen in unser aller Regalen einen derartigen Umfang an, dass die Bücherreihen wie durch Zahnlückigkeit entstellt aussahen. Jedes wunderte sich, fragte bei den andern herum und fand doch keinen Leser der fehlenden Bände. In einem abendlichen Kolloquium mit dem Vater wurde unzweifelhaft festgestellt, dass Bücher regelmäßig verschwanden und ebenso regelmäßig wieder heimkehrten, ohne dass über den Ort, wo sie sich während ihrer Abwesenheit aufhielten, das Geringste festzustellen war.

Unsere beiden Hausgeister zu verdächtigen lag nicht der geringste Anlass vor, denn einmal waren sie schon lange Jahre bei uns, während die Bücherreisen erst seit kurzer Zeit in größerem Umfang stattfanden. Zum andern aber waren Minna und Charlotte Büchern ausgesprochen abgeneigt, schon weil sie beim Reinmachen unendliche Mehrarbeit verursachten. Unsere sämtlichen Freunde und Freundinnen wurden ohne Unterschied von Alter und Konfession unter die schärfste Kontrolle gestellt, aber ohne jedes Ergebnis: Die Bücher entflogen und kehrten heim in ihren Schlag wie die Tauben. Wo am Abend noch eine lückenlose Reihe gestanden hatte, gab es am Morgen Mankos; je mehr wir aufpassten, umso weniger fanden wir, umso rätselvoller wurde die Geschichte. Fast hätten wir schon an Geister geglaubt. Gewisse Vorlieben waren feststellbar, zum Beispiel, dass der geheime Leser Romane bevorzugte, Geschichtliches nur selten nahm, Klassiker aber nie … Doch führte das alles nicht weiter, sondern verwirrte uns eigentlich nur noch mehr …

Wir waren alle, Vater und Mutter eingerechnet, schon in heftige Erregung geraten. Die Frühmeldungen von den Bücherregalen beschäftigten uns am Frühstückstisch. Beim Mittagessen ergingen wir uns in den ausschweifendsten Vermutungen, und das Abendessen verdarb die Befürchtung vor dem, was morgen fehlen würde. Es war eine wirklich erregende Zeit, geheimnisvoll wie kein Kriminalroman, und die Schularbeiten litten darunter. Vater sah ein, dass ein Ende gemacht werden musste, er hätte nur auch gerne gewusst, wie …

Da fand zu guter Stunde Itzenplitz, die unbestrittene Rekordleserin der Familie, in Gustav Freytags *Ahnen, dritter Band: Die Brüder vom deutschen Hause*, einen Zettel dieses Inhalts:

*Werte Frau Brüning!*
*Dies ist mir zu fromm! Das nächste Mal lieber wieder was mit Liebe, am liebsten französisch.*
*Ihre Anna Bemeyer*

Itzenplitz trug den Zettel eiligst zum Vater. Wer Anna Bemeyer war, war uns allen völlig unbewusst. Frau Brüning aber kannten wir, wenn wir sie auch nur selten sahen, denn sie war unsere Frühaufwartung, die von halb sechs bis halb acht Uhr der Charlotte beim Reinmachen half.

Vater strich den Zettel mit gerunzelter Stirn glatt und sagte: »Na schön, Itzenplitz, wir werden ja sehen … Sprich aber noch mit niemandem davon!«

Worauf Itzenplitz stracks zu uns enteilte und uns von dem Zettel berichtete.

Es ist wohl unnötig zu sagen, dass wir Kinder am nächsten Morgen alle um halb sechs Uhr nicht nur wach, sondern auch schon in den Kleidern waren. Wir wagten uns aber nicht so recht aus unsern Stuben, spähten nur durch die Türritzen und sahen die statiöse Frau Brüning mit Teppichroller und Bohnerbesen in Vaters Arbeitszimmer verschwinden. Sie trug ein graues Tuch über den Haaren.

Die nächste Bewegung auf dem Kriegsschauplatz war das Auftauchen von Mutter, fünfviertel Stunden vor ihrer gewohnten Zeit, ein Zeichen, dass heute früh die Schlacht wirklich geschlagen werden sollte. Zu unserer Enttäuschung ging sie aber nicht in das Arbeitszimmer, sondern verschwand in der Küchenregion. Ede und ich berieten eifrig, ob es tunlich sei, jetzt noch in Vaters Zimmer Horchposten zu beziehen, es erschien aber untunlich.

Kurz vor sechs Uhr erschien dann Vater, völlig angekleidet, vier Stunden vor seiner gewohnten Zeit. Wir hielten den Atem an und beobachteten ihn, wie er vor dem Spiegel auf dem Flur haltmachte, an seiner Krawatte rückte, dann leise hüstelte und mit zögerndem Schritt zu seinem Arbeitszimmer ging. Die Tür schloss sich hinter ihm.

Wir warteten zwei, vielleicht sogar fünf Minuten. Dann hielten wir es nicht länger aus, sondern schlichen an Vaters Tür. Hierbei begegneten wir den Schwestern, die sich von der andern Seite in gleicher Absicht heranpirschten. Vier Ohren legten sich an die Tür. Aber, ach! Sie war, wie wir wohl wussten, im Interesse von Vaters Arbeitsruhe gepolstert, kein Laut drang zu uns. Doch verharrten wir immerhin so lange an dieser Tür, um von Mutter überrascht zu werden. Mit leisen Worten verwies sie uns das Schmähliche unseres Tuns und schickte uns in unsere Zimmer zurück. Wir sahen sie gerade noch in

Vaters Zimmer eintreten, und erst jetzt fiel uns auf, dass sie einen Stoß Bücher unter dem Arm trug.

Lange, lange Zeit verging. Für Kinder ist Warten immer etwas Schreckliches. Was nicht sofort geschieht, geschieht nie, und nun gar Warten in einem solchen Moment, nachdem wir schon Wochen auf die Lösung des Rätsels gewartet hatten! Charlotte erschien und erkundigte sich etwas pikiert nach dem Verbleib Frau Brünings. Wie sie ihre Arbeit schaffen solle?

Wir waren froh, ein Opfer gefunden zu haben, deuteten geheimnisvoll vieles an, das wir nicht wussten, und hatten die Freude, Charlotte völlig verwirrt an ihre Arbeit zurückkehren zu sehen.

Dann endlich, kurz nach halb sieben, öffnete sich die Tür von Vaters Arbeitszimmer! In ihr erschien zuerst Frau Brüning. Das graue Kopftuch hatte seinen Sitz im Haar verlassen und wurde jetzt vor das Gesicht gehalten. Trotzdem sah und vor allem hörte man, dass seine Besitzerin heulte. Dann erschien Vater. Er sagte ernst: »Also heute noch, Frau Brüning! Unbedingt heute noch!«

Stärker schluchzend öffnete Frau Brüning sich die Vordertür und ging die Herrschaftstreppe hinab. Die Tür hinter ihr blieb offen. Wir waren entsetzt über diese Verletzung der Hausordnung! Wenn der Portier Markuleit sie auf der Vordertreppe ertappte, würde sie einiges zu hören bekommen! Denn die Lieblingsbeschäftigung Markuleits, die er mit vielen Kollegen damals teilte, war es, seiner Ansicht nach unwürdige Personen von der Herrschaftstreppe herunterzujagen und die Lieferantentreppe hinaufzuschicken!

Vater stand einen Augenblick auf dem Flur, stampfte mit dem Fuß auf und rief: »Teufel! Teufel!« Dann ging er zur Vordertür und schloss sie. (Wir verschlangen ihn mit unsern Augen.) Nun wandte sich Vater wieder seinem Arbeitszimmer zu. Er war schon fast darin verschwunden, da drehte er sich noch einmal um und rief ganz heiter: »Na, kommt nur hervor, ihr Strabanter! Glaubt ihr, ich hätte eure Schöpfe und eure Augen nicht gesehen?!«

Wir brachen in Lachen aus. Wir begriffen sofort, dass Vater uns eben mit seinem »Teufel! Teufel!« eine kleine Komödie vorgespielt hatte. Zugleich aber begriffen wir auch, dass Frau Brünings Verbrechen nicht so schwer sein konnte, wie nach ihrem starken Weinen zu schließen gewesen war. Und so war es auch wirklich. Frau Brüning, die selbst gerne Bücher las, hatte damit begonnen, sich einiges für ihren Privatbedarf ohne unser Vorwissen zu entleihen. Dies sparte ihr auch Geld, denn nun konnte sie ihr Abonnement in der Leihbibliothek abbestellen. Allmählich ging sie dazu über, auch ihre Freundschaft und Bekanntschaft mit Büchern zu versorgen. Der Kreis ihrer Leser breitete sich aus, das Besorgen der Bücher machte eine gewisse Arbeit, was war natürlicher, als dass Frau Brüning sich diese Arbeit bezahlen ließ …

»Ja«, sagte Vater lächelnd. »Es ist nicht zu leugnen, dass Frau Brüning eine gewisse, wenn auch irregeleitete Geschäftstüchtigkeit besitzt. Sie selbst hat mir zwar versichert, dass sie in der Woche nicht mehr als eine Mark eingenommen hat. Da sie aber allein heute neun Bände zurückbrachte und da sie, ihrer eigenen Angabe nach, fünf Pfennige Leihgebühr pro Band erhob, sie wird aber, wie ich vermute, einen Groschen genommen haben, so hat sie wohl drei bis fünf Mark in der Woche mit unsern Büchern verdient!«

»Das Geld muss sie aber an uns abliefern, Vater!«, rief Ede, und ich war seiner Ansicht.

»Nein, danke, mein Sohn!«, sagte Vater kurz. »Ich bin froh, wenn sie heute noch die fehlenden Bücher bringt, womit ihre Tätigkeit in unserm Hause beendigt ist.« Vater sah zu Mutter hinüber. »Ich fürchte, Louise, du verlierst eine tüchtige Kraft.«

»Zu tüchtig!«, lächelte Mutter. »Ich finde schon jemand anders. Und jetzt werde ich einen Besen ergreifen, sonst schafft Charlotte ihre Arbeit nicht.«

»Der eine Gedanke aber tröstet mich«, sagte Vater nachdenklich. »All diese Leser haben aus unserer Leihbibliothek nicht ein schlechtes Buch bekommen. Damit stehen wir hoch über der ganzen Konkurrenz. Denn was da jene Bemeyer von französischen Büchern schreibt, so leugne ich nicht, den Dumas mit seinen drei Musketieren zu besitzen, auch einige Maupassant, doch halte ich diese Bücher nicht für verderblich. Unsere Mutter aber bitten wir«, schloss der Vater, »bei der nächsten Aufwartung auf das ganz Unliterarische zu sehen. Lieber noch das tollste Berlinisch, aber keine illegitimen Bücherentleihungen mehr!«

Der gute, ahnungslose Vater! Hätte er gewusst, dass sein eifrigster illegitimer Bücherentleiher in der Gestalt seines Sohnes Hans vor ihm stand! Zu jener Zeit war ich nämlich der ewig gleichen Kost der Indianer- und Abenteuerbücher müde geworden. Kein Präriebrand konnte mich noch begeistern, kein Mustang war mir wild genug, mich zu erregen – und was die Lebensgefahr anbelangt, in der die Helden ständig schwebten, so hatte mich mein Vater von aller Angst um sie gründlich geheilt.

Als ich nämlich einst um einen Helden zitterte und nur noch um fünf Minuten Aufschub mit dem Zubettgehen bettelte, um doch noch zu erfahren, ob er leben oder sterben würde – da nahm Vater das Buch lächelnd in die Hand, wies auf das dicke Seitenpaket, das noch ungelesen vor mir lag, und sagte: »Noch zweihundertfünfzig Seiten – und der Held soll jetzt schon sterben? Was will denn der Verfasser auf den restlichen zweihundertfünfzig Seiten erzählen? Das Begräbnis?«

Dies leuchtete mir ein, sodass ich von Stund an, sobald mein Herz in Anteilnahme zu klopfen anfing, den restlichen Umfang des Buches abschätzte, und sofort war das Herz wieder ruhig!

Vielleicht war dies eine sehr nüchterne Weise, mich von meiner allmählich ausartenden Vorliebe für Abenteuergeschichten zu heilen. Aber sie half. Und nun suchte mein Geist andere Betätigungsfelder, und da ich Vaters literarischen Geschmack, seit er mir den Karl May verboten hatte, misstraute, so ging ich auf eigene Faust in seiner Bibliothek auf Entdeckungsreisen. Übrigens Karl May – es ist mir heute noch unverständlich, warum mein sanfter, nicht gerne etwas verbietender Vater eine so tiefe Abneigung grade gegen diesen Autor hatte. Er war darin unerbittlich. Wir durften uns nie einen Karl May ausleihen, und als Onkel Albert dem Ede und mir ein paar Bände May geschenkt hatte, mussten wir sie beim Familienbuchhändler in schicklichere Lektüre umtauschen.

Vater hat damit nur erreicht, dass meine Liebe zu Karl May immer weiter unter der Asche schwelte. Als ich dann ein Mann geworden war und ein bisschen Geld hatte, habe ich mir alle fünfundsechzig Bände Karl May auf einmal gekauft. Während ich dies schreibe, stehen sie grüngolden aufmarschiert in der Höhe meines rechten Knöchels. Ich habe sie nun alle gelesen, nicht nur einmal, sondern mehrere Male. Jetzt bin ich gesättigt von Karl May, ich werde sie kaum wieder lesen. Aber nun schlüpft mein Ältester in den Ferien hier herauf und holt sich einen Band nach dem andern, bettelt vor dem Schlafengehen um fünf Minuten Aufschub – alles dasselbe und doch alles ganz anders. Denn ich hindere ihn nicht, ich raube ihm auch nicht die Illusion, der Held befinde sich wirklich in tödlicher Gefahr – ich will doch einmal gegen Vater recht behalten!

Wie gesagt: Da die kommunen Abenteuerbücher schal geworden waren und Karl May mir nicht gereicht wurde, ging ich selbst auf Entdeckungsreisen. Was da offen in Vaters Regalen stand, reizte mich nicht so sehr. Aber es gab auch gewisse Kästen in den unteren Fächern dieser Regale … Auf ihnen stand öfter der Name Frankreich, England, Amerika, vereinzelt auch Ungarn, Italien, Schweden, Norwegen … Hier hatte Vater die Heftchen und Hefte der Universalbibliothek untergebracht, die sich in ihren Broschüren nur schlecht auf einem Bücherbrett ausnahmen.

Diese Kästen waren eine wahre Fundgrube für mich!

Mit elf oder zwölf Jahren geriet ich auf Flaubert und Zola, auf Daudet und Maupassant! Das Erotische verstand ich nicht, darüber las ich hinweg, aber welch eine ungeahnte Welt eröffnete sich mir da! Ich hatte nie gedacht, dass Romane *so* sein könnten! Stücke aus dem Leben nämlich, wirkliches Leben, das sich jeden Augenblick auf dieser Erde abspielen konnte! Alles, was ich bisher gelesen hatte, und ich hatte es gläubig gelesen, hatte doch etwas Unwirkliches gehabt, es war mehr den Märchen meiner Kindheit als dem Leben verwandt gewesen. Es musste sehr weit von der Luitpoldstraße entfernt spielen, um einen Schimmer von Glaubhaftigkeit zu bekommen.

Das hatte ich stets dunkel gefühlt, ohne es mir klarmachen zu können. Sie hatten nicht satt gemacht, weder Herz noch Hirn, diese Abenteuergeschichten! Aber das hier, diese neue Welt … Ich muss es schon damals gefühlt haben, dass man so »möglich« schreiben müsse, um »wirklich« zu wirken. Diese Bücher gingen glatt in mich ein. Ich las jedes nicht nur einmal, ich las es mehrere Male. Daher kommt es wohl, da sie so fest in mir saßen, dass ich sie allmählich überwand. Zola ist mir heute unerträglich, Daudet scheint mir fade, Flaubert bewundere ich, aber ich habe meine Lektion von ihm gelernt und lese ihn nicht mehr – aber jeder dieser Autoren hat seine Spuren in mir hinterlassen.

Ich erinnere mich sehr wohl meiner Begeisterung, als ich Dumas' *Drei Musketiere* entdeckte. Das war auch eine Abenteuergeschichte, aber sie war nicht nur ausgedacht, sie war auch möglich.

Und dann, als mir im englischen Kasten Stevensons

*Schatzinsel* in die Hände fiel! Als ich Charles Dickens entdeckte, dessen *Copperfield* ich heute noch wieder und wieder lese, immer mit dem alten Entzücken. Seite um Seite könnte ich füllen mit diesen Erinnerungen an die Bücher, die ich damals entdeckte, die immer weiter in mir leben! Und dann die Russen: *Rodion Raskolnikow, Die Brüder Karamasow!*

Meine Leser werden finden, dass ich etwas reichlich früh mit dieser Lektüre begann, meine Eltern hätten das auch gefunden. Es hätte meiner Mutter Herz erschreckt, ihren ältesten, ach so jungen Sohn über der Lektüre von Maupassants Frivolitäten zu finden. Das habe ich ahnungsvoller Knabe natürlich recht gut gewusst, und so las ich nur in diesen Reclam-Bändchen, wenn ich mich ganz sicher wusste, also am frühesten Morgen. Ich bin zeit meines Lebens ein schlechter Schläfer gewesen, und meist war ich schon als Junge vor vier Uhr wach. Dann schlich ich auf leisen nackten Sohlen in Vaters Zimmer und kehrte reich beladen in mein Bett zurück. Und las … Und las …

Später, als ich entdeckt hatte, dass mein Vater nie diese Kästen auf ihren Bestand kontrollierte – sie gehörten einer vergangenen Leseepoche von ihm an –, später wurde ich frecher: Ich hielt mir unter der Matratze meines Bettes immer ein größeres Lager dieser Bände. Es war ein beruhigendes Gefühl, sich abends beim Einschlafen zu sagen, dass man für den kommenden Morgen bereits verproviantiert war. Heute hat meine gute Frau mich darüber aufgeklärt, dass diese stets unentdeckt gebliebene Schmökerbibliothek unter der Matratze den Reinmachekünsten des elterlichen Hauses kein gutes Zeugnis ausstelle: Zu einem richtigen Bettmachen gehöre auch ein Wenden der Matratzen. Ich hoffe danach, dass dies heute in meinem eigenen Hause regelmäßig geschieht, aber ich sage noch in dieser Stunde Minna, Christa, Charlotte, und wie sie sonst alle hießen, meinen Segen und Dank, dass es im elterlichen Hause nicht geschehen ist!

Es konnte gar nicht anders sein: Durch eine so intensive Leserei musste die Schule zu kurz kommen. Meistens nahm ich nur ziemlich schläfrig am Unterricht teil, und wachte ich einmal auf, so dachte ich nur an das Gelesene oder wie es nun weitergehen würde. Einmal, ein einziges Mal winkte mir die Aussicht, dass ich durch meine Lektüre auch in der Schule Lorbeeren ernten konnte. Das war, als unser Geschichtslehrer vom Aufstand der Tiroler erzählte, wobei auch der Name Jürg Jenatsch fiel … Ich horchte auf. Professor Friedrichs fragte, uns alle musternd: »Weiß vielleicht einer von euch, welcher Dichter uns diesen Aufstand geschildert hat …?«

Ich sah um mich, ich war der Einzige, der es wusste. Stolz fuhr ich aus meiner Bank und schrie: »Cordinand Ferdinand Meyer!«

Ein brüllendes Gelächter war der Erfolg, den ich einheimste. Sogar Professor Friedrichs lächelte milde. »Zwar nicht Cordinand Ferdinand« – neue Gelächtersalve –, »sondern Conrad Ferdinand Meyer.«

Nun hieß ich eine Weile in der Klasse nur der Cordinand.

Also ich las und las. – Aber in unserer Familie war es so bestellt, dass man das Verbum »Lesen« in allen Formen konjugieren konnte, es stimmte immer. Ich lese, du lasest, er wird lesen, sie haben gelesen – immer stimmte es! Nur die Befehlsform anzuwenden war ganz unnötig: »Lies« und »Leset« brauchten nicht angewendet zu werden, wir taten es auch so.

Aber ich war ein reiner Waisenknabe in meinen Leseleistungen gegen meine Schwester Itzenplitz. Sie brach jeden Rekord im Lesen. Wenn ich morgens um vier Uhr in Vaters Arbeitszimmer schlich, um mich neu mit Lektüre zu verproviantieren, traf ich sie dort manchmal. Im Nachtgewand stand sie auf einem Stuhl, in der einen Hand hatte sie ein geöffnetes Buch, in der andern eine fast heruntergebrannte Kerze. Sie hatte es nicht so gut wie ich, ihr Schlafzimmer lag direkt neben dem der Eltern, und das verbot alles nächtliche Lesen, denn Mutter hatte feine Ohren. Wenn ich ihr aber vorschlug, sich doch wenigstens in einen Sessel zu setzen, sah sie mich nur bleich und fröstig über die Seiten ihres Buches weg an, sagte »Och!« und war wieder in ihre Lektüre versunken.

Als diese selbe Schwester einmal die Aufnahmeprüfung für das Gymnasium mit Glanz bestanden hatte, durfte sie zur Belohnung mit einer Tante nach Italien fahren. Am Tage vor der Abreise gab meine Mutter ihr streng auf, endlich ihren Koffer zu packen. Itzenplitz versprach es, aber kurz vor dem Abendessen fand Mutter sie verloren in einem Buch, in dem Koffer lagen nur ein paar vereinzelte Wäschestücke. Mutter war entrüstet, es gab eine tüchtige Abreibung, und Itzenplitz musste ihr in die Hand versprechen, nicht eher wieder ein Buch anzurühren, bis der Koffer gepackt war.

Als aber Mutter um halb elf zum Gute-Nacht-Sagen zu ihr kam, fand sie ihre älteste Tochter auf dem Boden neben dem Koffer sitzen und *Zeitungen* lesen. Es waren uralte Zeitungen, es hatten Schuhe in sie eingepackt werden sollen. Aber ein Wort hatte die Aufmerksamkeit von Itzenplitz gefesselt, sie hatte zu lesen angefangen, und wenn sie erst im Lesen war, vergaß sie Zeit und Ort und alle zu packenden Koffer. In dieser Nacht flossen noch Tränen, und beinahe wäre die Italienreise am Einwickelpapier gescheitert. Die Mutter prophezeite ihrer Tochter düster, sie werde in ihrem Leben noch einmal an dieser elenden Leserei scheitern, sie werde alle guten Gelegenheiten darüber verpassen …

Itzenplitz ist nicht gescheitert (worüber sich niemand mehr freut als meine Mutter!), und ich glaube, sie hat auch nicht viel verpasst, trotzdem sie sich nie des süßen Giftes starker Lektüre entwöhnt hat. Heute hat sie Mann und Kind, und wenn ich sie einmal besuche, geht Itzenplitz gleich in die Küche, um uns etwas Gutes zu kochen, denn sie weiß, wie verfressen ich bin. Nach einer Weile sagt dann mein geduldiger Schwager freundlich: »Ich glaube, wir müssen mal nach meiner Frau sehen …«

Und da sehen wir sie denn wirklich, sie steht am Herd, das Wasser kocht, aber Itzenplitz merkt es nicht. Sie hat in der einen Hand einen Löffel, in der andern ein Buch, aber nur das Buch fesselt sie. Noch heute bringt es Itzenplitz nicht über sich, mit einer Zeitung Feuer im Ofen zu entfachen, ohne diese Zeitung erst auf ihren Inhalt geprüft zu haben.

Das hat natürlich einige Unbequemlichkeiten im

Haushalt zur Folge, aber mein Schwager ist nicht nur ein geduldiger, sondern auch ein weiser Mann. Er weiß, was unter den Schattenseiten einer Tugend zu verstehen ist. Denn Itzenplitz weiß alles, und sie hat immer etwas zu erzählen. Sie liest ein Kochbuch mit derselben Hingabe wie eine Abhandlung über den Meskalinrausch. Sie saugt aus jeder Blüte Honig, selbst aus den übel riechenden, wie Vater schon früher von ihr sagte.

Noch bleibt mir im Hinblick auf das Familiensteckenpferd von einer nicht sehr schönen Gewohnheit in unserm Hause zu sprechen: Keines von uns suchte einen gewissen Ort auf, ohne sich vorher mit einem Buch zu bewaffnen. Wohl hatten wir in Berlin zwei solche stillen Stätten, aber da unser Haushalt, die dienstbaren Geister eingerechnet, acht Personen zählte, war doch stets Knappheit an passender Sitzgelegenheit. Wie oft wurde verzweifelt an einer Tür gerüttelt, flehentliche Bitten wurden geflüstert, Verwünschungen zum Himmel gesandt: alles umsonst. Jedes Familienmitglied huldigte dem Satz »*J'y suis, j'y reste*«. Jedes wusste nur zu gut, dass der Bettler und Rüttler, war er erst drinnen und der andere draußen, mit derselben Beharrlichkeit weiter sitzen und weiter lesen würde.

Noch heute muss ich im Gedanken daran lächeln, wenn ich meinen Vater, im grauen Hausjäckchen, einen Band Reichsgerichtsentscheidungen unter dem Arm, an jenen Ort verschwinden sah. Denn Vater gab sich dort keineswegs nur entspannender Lektüre hin, es wurde dort ganz ernst gearbeitet. Waren die Verhältnisse unhaltbar geworden, so wurde, meist auf Mutters Anregung hin, die diesem Lesen am wenigsten frönte, ein Verbot erlassen, mit Büchern »dorthin« zu gehen. Aber es half meist nur wenig, da aus Sparsamkeitsgründen auf dem Klo zerschnittenes und gebündeltes Zeitungspapier hing. Es war ein reizvolles Spiel, diese Zeitungsstücke wieder zusammenzusetzen und zu versuchen, sie fortlaufend zu lesen. In leichter Abänderung eines ärztlichen Fachausdruckes hieß dieser Ort bei uns auch »*locus minoris resistentiae*«.

(Ich möchte übrigens allen meinen Lesern, die mich etwa besuchen wollen oder eine Einladung an mich beabsichtigen, mitteilen, dass ich durch den Einfluss meiner Frau von dieser Art des Leselasters völlig geheilt bin.)

Außer dem Büchersteckenpferd ritt mein Vater aber noch ein zweites, das war die Musik. Die Musik, besonders in der Form des von ihm geübten Klavierspiels, war seine größte Freude, seine Entspannung, sein Trost, seine Gefährtin in einsamen Jahren. Mein Vater soll ein ausgezeichneter Klavierspieler gewesen sein, und Mutter, die eigentlich nur das übliche Klimpern der höheren Tochter gelernt hatte, entwickelte sich unter seiner Führung in den langen Jahren ihrer Ehe immer mehr, wenn sie auch Vater nie ganz erreichte.

Manchmal wurde er ungeduldig bei ihrem Vierhändig-Spielen. Ich sehe ihn noch, wie er den Kopf immer energischer hin und her bewegte, um ihr Tempo anzufeuern, wie er zu zählen anfing: »Eine, zweie, dreie, viere. Eine, zweie, dreie, viere …«, und wie meine Mutter sich bemühte, seinen Anforderungen gerecht zu werden, die Lippen fest geschlossen, ein leises Rot auf den Wangen.

Aber dann ihre Freude, wenn Vater nach einer Bach'schen Fuge etwa anerkennend sagte: »Das hast du ganz großartig gespielt, Louise.«

Wie in allem, so wollte auch in der Musik meine Mutter teilhaben an dem, was ihn freute. Jahraus, jahrein, jeden Tag, ob Alltag, ob Sonntag, setzten sich meine Eltern nachmittags um fünf Uhr an den Flügel und spielten bis sechs vierhändig. Das war so unumstößlich, dass wir Kinder in diese Zeit schon ganz gewohnheitsmäßig unsere Abrechnungen untereinanderlegten, um diese Stunde waren wir vor Eingriffen von oben her sicher.

Der Flügel, ein echter Steinway, ein wahres Prachtexemplar, war weit über der sonstigen Lebenshaltung meines Vaters. Wie er zu ihm gekommen ist – denn er hat ihn schon als junger Assessor aus eigenen Mitteln gekauft –, ist auch eine Geschichte. Wie eben gesagt, war Vater damals Assessor in einem kleinen hannöverschen Landstädtchen. Die Gegend war damals von einer bösen Seuche ergriffen, die auch ich später einmal im Thüringischen erlebte: Die Höfe brannten zu leicht. Schien eine Scheune baufällig, ein Wohnhaus eines andern Daches zu bedürfen, so brannte es dort über kurz oder lang, das war so sicher wie das Amen in der Kirche. Die Brandkassen mussten zahlen und zahlen, bis an die Grenze ihrer Leistungsfähigkeit. Hat sich eine solche Krankheit in einem Bezirk erst einmal eingefressen, so hilft nur Abschreckung durch Verhängen von drakonischen Strafen, durch Statuieren eines Exempels.

Aber ehe ein Exempel statuiert werden kann, muss ein Übeltäter gefasst sein. Und die Brandstifter gingen zu jener, nun fast siebzig Jahre zurückliegenden Zeit mit der äußersten Gerissenheit vor. Die Brandkassen setzten eine Belohnung aus, sie verdoppelten, sie vervierfachten, bis sie die damals horrende Höhe von tausend Talern erreicht hatte, aber es blieb alles umsonst, kein Brandstifter wurde gefasst …

Nun gut, zu jener Zeit und in jener Gegend geht Vater spazieren. Er liebte sein ganzes Leben hindurch die weiten und besonders die einsamen Spaziergänge. Er hat immer all seinen Scharfsinn aufgewendet, um Wege zu finden, die niemand ging. Also auch an jenem Tage, einem drückend heißen Sommer- und Sonntage, geht mein Vater auf Feldrainen und Wiesenkanten fern allen Menschen auf dem flachen Lande spazieren. Allmählich wird das Licht der Sonne fahl, am Horizont türmt sich immer höher blauschwarzes Gewölk, in der Ferne fängt es an, erst leise, rasch immer lauter zu grummeln und zu brummeln. Vater sieht sich nach einem Unterkommen, das ihm vor dem aufziehenden Gewitter Schutz bietet, um. In der Ferne entdeckt er die Strohdächer eines einsam liegenden Gehöftes. Erst langsam, dann immer schneller schlägt er den Weg nach dem Hof ein.

Grade als das Gewitter mit dem ersten fürchterlichen Schlag über seinem Kopf losgebrochen ist, als die ersten Tropfen fallen, betritt Vater den Hof. Er hält sich nicht erst lange mit Umsehen auf, er öffnet die Tür und steht auf der Diele, dem »Pesel« des Hauses. Man kennt solchen Pesel. Er nimmt fast zwei Drittel des Hauses ein, links steht das Rindvieh, rechts die Pferde, darüber, durch eine Luke erreichbar, liegt der Heuboden. Im

Hintergrund, nach dem Pesel zu offen, ist die Küche mit der Feuerstätte, daran erst schließen sich die wenigen Stuben des Hauses.

Auf diesen Pesel tritt als überraschender Gast mein Vater und bleibt erstarrt stehen. Denn auf dem Pesel stehen alle Hausgenossen mit Betten, Hausgerät, Kisten beladen. Zwei Mädchen halten die Kühe schon bereit, ein Bursche die Pferde – alle wenden Vater plötzlich erschreckte, starr werdende Gesichter zu. Und in ebendiesem Augenblick erscheint auch in der Heubodenluke der Herr des Hofes, er ruft hinunter: »Jetzt brennt's all tüchtig!«

Mein Vater war in dem Augenblick eingetreten, als das Feuer angelegt war!

Es war – für alle – ein recht unangenehmer Moment, als dem Landwirt klar wurde, dass ein Besuch auf dem Pesel stand, und was für ein Besuch! Denn der Assessor des Amtsgerichts war wohlbekannt. Mein Vater versicherte uns, es sei eine der schlimmsten Minuten seines Lebens gewesen, und einen Augenblick habe er gezweifelt, ob er lebend den Pesel verlassen würde. Aber diese Minute ging vorüber, mein Vater war ein mutiger und energischer Mann, und die Leute, wenn sie auch Brandstifter waren, waren doch keine Mörder.

Mein Vater legte die Hand auf die Schulter des Mannes und erklärte ihn für verhaftet. Und ohne den Leuten erst Zeit zum Besinnen zu lassen, führte er den Verhafteten fort in die Stadt, durch Regen und Gewitter, von Blitzen umzuckt! Es ist wohl ein schlimmer Weg für alle beide gewesen, für den Führer wie für den Verhafteten. Denn mein Vater wusste wohl, wie Schweres dem Manne bevorstand, dass seine Strafe hart, sehr hart ausfallen würde, und der Mann wusste das auch. Er verlegte sich aufs Bitten und Flehen, es habe doch keiner gesehen als der Assessor, der Assessor wolle doch nicht Weib und Kind unglücklich machen. Mein Vater war ein sanfter und gütiger Mann, aber hier konnte es kein Schwanken geben, eine Pflicht musste getan, eine Seuche ausgerottet werden ...

An die ausgesetzte Belohnung aber wird mein Vater auf diesem Wege kaum gedacht haben, zu viel anderes bewegte ihm Herz und Hirn. Vater war ein junger Mensch, in der Achtung vor dem Alter war er erzogen worden. Es ist schwer, gegen einen Alten hart zu sein, wenn man noch jung ist, ihn bitten zu hören und Nein zu sagen. Die Belohnung kam erst später, und es ist bezeichnend für Vaters wenig entwickelten Erwerbssinn, dass er sie lange nicht nehmen wollte. Erst als es ihm seine Vorgesetzten befahlen, tat er es. Und verwandelte das Geld in den Steinway-Flügel, der sein ganzes Leben hindurch seine größte, seine dauerndste Freude blieb.

Gelang es aber dem Vater, seiner Frau eine immer stärker werdende Neigung zur Musik einzuflößen, so hatte er mit uns Kindern weniger Glück. Jedes von uns bekam Klavierunterricht, und keines kam über die erbärmlichste Stümperei hinaus. (Außer Ede, von dem noch berichtet wird.) Was speziell mich anging, so war ich der größte Versager. Ich konnte nie einen Ton vom andern unterscheiden, und auf dringenden Wunsch des Gesanglehrers wurde ich vom Gesangunterricht für ewige

Zeiten befreit, da, wenn ich nur zu singen anfing, die ganze Klasse schon aus dem Takt geriet. Wirklich habe ich auch heute noch keinen richtigen Ton in der Kehle, und ich pfeife zwar gerne, besonders Volkslieder, aber für mich ganz allein, fern allen Menschen. Ich möchte gerne in meinem Bett sterben ...

Aber Vater gab so leicht den Mut nicht auf. Er war unermüdlich in seinen Versuchen, uns die Liebe zur Musik einzuimpfen. Nach dem Abendessen kam stets die ganze Familie in seinem Zimmer zusammen. Zuerst spielte uns Vater mit Mutter eine halbe Stunde lang etwas vor, dann wurde von ihm vorgelesen. Ich ruchloser Knabe habe diese Zeit des Vorspielens meist dazu benutzt, um noch unerledigte Schularbeiten zu machen. Das ging sehr gut, denn die Eltern kehrten uns am Flügel den Rücken. Man musste nur auf den Moment passen, wenn das Stück zu Ende ging; hierin erwarb ich mir eine gewisse Routine, die mir noch heute beim Plattenwechsel zugutekommt.

Denn seit Vater tot ist, finde ich langsam einen Weg zur Musik. Solange er lebte, glaubte ich, musikalisch ein Idiot zu sein, außerdem konnte ich Musik »überhaupt nicht ausstehen«. Das hängt damit zusammen, dass ich lange Jahre »böse« auf Vater war. Weil ich ihm zürnte, lehnte ich auch das, was er am meisten liebte, ab. Aber das ist ein trübes Kapitel, nur mit Schmerz und Reue denke ich daran zurück, will aber nichts darüber erzählen.

Vater wählte für dieses Vorspielen immer leichtere Musik, was er nämlich so leichter nannte: den Lohengrin, Schumann, Schubert, allenfalls auch noch den *Freischütz*. Ein Mann, der mehr von Musik versteht als ich, hat mir später einmal gesagt, dass Vater eigentlich gar nicht musikalisch gewesen sei, er sei mehr Mathematiker als Musikant gewesen. Wie in der Geometrie eine Figur konstruiert wird, so habe mein Vater in der Musik die Konstruktion, den kunstvollen Auf- und Abbau mehr geschätzt als den Klang, das eigentlich Musikhafte. Wie gesagt, davon verstehe ich nichts. Aber mir scheint doch, als wenn Vater für uns Kinder ein wenig gar zu schwierige Themen auswählte. Ich erinnere mich noch, dass ich einmal, bei meinen Schularbeiten sitzend, aufmerksamer als sonst ins Nebenzimmer lauschte, wo Vater und Mutter am Flügel saßen. Das gefiel sogar mir, was sie da spielten. »Heut hast du mal was Hübsches gespielt, Vater!«, sagte ich nachher anerkennend.

»Was habe ich doch für einen Sohn!«, rief Vater in komischer Verzweiflung und griff sich ins Haar. »Ich kann jahrelang das Herrlichste von Bach und Beethoven spielen, er hört es gar nicht. Hört es einfach nicht!! Aber ich brauche nur einmal solch einen Schmarren von Suppé zu klimpern, und sofort ist er ganz Ohr! Es ist zum Verzweifeln!«

Als wir später in Leipzig wohnten, ging Vater jeden Freitagabend zur Motette in die Thomaskirche. Da er noch immer nicht die Hoffnung aufgegeben hatte, mich wenigstens ein bisschen zur Musik zu bekehren, musste ich ihn oft begleiten.

In der Kirche war es ziemlich dunkel, denn am Freitagabend war nur »Probe«, darum wurde wohl an Licht gespart. Nur des Dekorums halber sprach der Pastor nach der Motette ein kurzes Gebet.

Wir setzten uns auf eine der langen Kirchenbänke, meistens zu früh, denn Vater wollte nicht einen Ton versäumen. So sah ich sie denn alle ankommen, die sich an jedem Freitag hier versammelten, um sich den Gesang des Knabenchors anzuhören. Viele Gestalten kannte ich bald vom Ansehen, mit solcher Regelmäßigkeit kamen sie. Sie setzten sich immer auf die gleichen Plätze und blieben dort unbeweglich sitzen, in Erwartung des Orgelvorspiels. Es waren seltsame Gestalten darunter, verschollene Figuren, wie ausgelöschte Gesichter, schlecht und gut Gekleidetes nebeneinander, aber kaum Jugend. Fast alles waren alte Leute, und das männliche Element überwog.

Ich erinnere mich noch an einen weißhaarigen Alten, der Sommer wie Winter in einer ganz verschossenen Samtjacke kam, aber Sommer wie Winter steckte eine Blume im Knopfloch dieser Jacke. Ein anderer Alter wurde von zwei greisen Mädchen eher hereingetragen als geführt. Sie setzten ihn auf seinen Platz und verließen dann immer sofort die Kirche. Aus welchen Stuben, aus welchen Lebensformen kamen sie da zusammen, einmal vereint unter Menschen, die das gleiche wie sie, diese alt gewordenen Einsamen, fühlten!

Dann setzte die Orgel ein, und sofort begann auch meine Angst. Ich sah nichts anderes mehr, ich konnte nichts hören von Orgel und Gesang, ich musste immerzu Vater beobachten. Und richtig, nun war es wieder so weit: Vater weinte! Ich fand es ganz schrecklich, dass Vater weinte. Große blanke Tropfen rollten langsam seitlich seiner Nase herunter und verschwanden im Schnurrbart. Immer wenn Vater die Motette hörte, musste er weinen. Es war wohl Glück, das ihn weinen machte, es war Freude über dies reine Stück Schönheit, das der Erde noch geblieben ist.

Aber ich dummer Bengel fand es nur beschämend. Ich schämte mich Vaters, dass er so weinte. Ich hatte eine Todesangst, einer meiner Schulgefährten könne in der Kirche sein und könne mich sitzen sehen neben meinem Vater, der weinte! Ich wäre doch vor dem ganzen Gymnasium blamiert gewesen! Es beruhigte mich gar nicht, dass viele so weinten. Ich achtete auch nicht darauf, dass hier niemand die andern beobachtete, ich schämte mich nur und hoffte, es möchte doch bald zu Ende sein. Ich, mit dessen vielen Schwächen Vater eine so unendliche Geduld hatte, war so unduldsam gegen Vater!

Diese Besuche in der Motette nahmen mir den letzten Rest von Aufmerksamkeit für die Musik. Ich fand hundert Ausflüchte, um mich von diesen Freitagwegen zu drücken. Vater sah schließlich auch ein, dass ich unheilbar war, und bat nicht mehr um meine Begleitung. Statt meiner nahm er meinen Bruder Ede mit. Siehe da! Ede hatte sich entwickelt, er war das einzige von Vaters Kindern geworden, das nicht ungern am Klavier saß, das auch einmal mit Vater ein Wort über Musik sprach. Danach sehnte sich Vater bestimmt, er wusste so viel von Musik, und wir andern Kinder wollten nie etwas davon hören. Und nun ging Ede mit Vater in die Motette.

Ich sah es, wir alle sahen es, der kleine, früher etwas ruppige und rüde Ede wurde immer mehr zum Liebling der Eltern. Und seltsam, wir neideten ihm das überhaupt nicht, wir fanden es ganz in Ordnung. Denn Ede war nicht etwa durch betonte Musterhaftigkeit oder Schmeichelei zu dieser bevorzugten Stellung gekommen, sondern weil er sich genau so gab, wie er war. Und er war anständig und verlässlich. Er war gar kein Musterknabe, ja, er war nicht einmal ein so besonders guter Schüler, aber den Dummheiten, die er machte, fehlte so ganz der Zug Verhängnis und Unbegreiflichkeit, der meinen Torheiten anhaftete. Wenn meine Eltern Ede anschauten, so wussten sie: Er wird seinen Weg machen, man kann ihn ruhig gewähren lassen. Sahen sie aber auf mich, mussten sie denken: Hoffentlich wird mal etwas aus ihm, man wird sehr auf ihn aufpassen müssen.

Vor allem aber hatte nie jemand von uns drei andern Geschwistern das leiseste Neidgefühl auf Ede, weil wir sahen, er merkte seine Vorzugsstellung im Herzen der Eltern gar nicht. Er liebte uns alle so gleichmäßig und stark, dass er nie darauf kam, Liebe könne auch Unterschiede machen. Und wir liebten ihn ebenso wie die Eltern, auch in unsern Herzen nahm er eine Vorzugsstellung ein.

So hatte Vater spät noch einen Gefährten aus der jungen Generation gefunden. Die Schwestern gingen aus dem Haus, auch ich zog ins Weite. Ede blieb bei den Eltern, sie lebten sich ganz auf ihn ein. Vater empfand nicht einmal Betrübnis, als auch Ede schon früh erklärte, er wolle keinesfalls Jurist werden, sondern Arzt. Wenn Ede so sprach, war es in Ordnung, denn Ede wusste, was er wollte, ich aber wollte alle Tage etwas anderes. So wurde Ede die große Hoffnung der ganzen Familie. Ede war Vaters und Mutters Stolz ...

Dann kam der Weltkrieg, und Ede meldete sich, kaum dass er siebzehn geworden war, freiwillig. Er hat den ganzen Krieg an der Westfront mitgemacht, immer im flandrischen Dreck, immer im Grabenkrieg. Selten kam er auf Urlaub. Dann zeigten sich die Eltern voller Stolz mit ihrem jungen Offizier, voller Stolz und Bangen, denn die Verlustziffer der Regimenter in jenem Abschnitt war sehr hoch. Aber davon sprach Ede nicht, er sprach überhaupt nicht von draußen. Am liebsten erzählte er von der Zukunft. Er hatte während eines Urlaubs sein Notabitur gebaut, und später kam irgendeine Bestimmung, nach der er sich schon immatrikulieren lassen konnte. Er ging zur Universität und ließ sich bei der medizinischen Fakultät einschreiben.

Es war sein glücklichster Tag im ganzen Krieg. Er führte seine Eltern zu einem kleinen Essen in ein Weinrestaurant, und wenn das Essen auch nur dürftig war, seine Stimmung war so übermütig, dass er die bekümmerten, vom Krieg alt und grau gewordenen Eltern mitriss. Er spielte den Arzt, er hatte es schon geschafft, er war ein großer, berühmter Arzt geworden. Er ließ sich von Vater konsultieren. Er produzierte den blühendsten Blödsinn über Gallenleiden, erlaubte Vater sofort die längst verbotene lange Pfeife und versprach ihm neunundneunzig Lebensjahre. Er riss die Eltern so mit sich, dass auch sie daran glaubten, dass sie für gewiss ansahen, was er vor ihnen fabulierte, dass sie den Krieg im Schützengraben und das Trommelfeuer vergaßen, mit der langen, langen Todesangst um diesen Sohn.

Dann fuhr er wieder hinaus. Ich brachte ihn zur Bahn.

Je mehr wir uns dem Bahnhof näherten, umso stiller wurde er. Da war schon der Urlauberzug, hässlich, verdreckt, heruntergekommen, wie damals 1918 alles aussah. Er nahm kurzen Abschied, saß dann still im Abteil, ohne den Kopf nach mir zu wenden. Vielleicht dachte er, ich sei schon gegangen. Ich sehe ihn da sitzen, eigentlich noch blutjung, einundzwanzig Jahre alt, und den vollen jugendlichen Mund, der doch schon fest geschlossen ist, mit dem kleinen bitteren Falten der Enttäuschung im Winkel.

Plötzlich steht er auf, geht ans Fenster, sieht mich an, ernst. Dann sagt er: »Wenn etwas passiert – mit mir, denke daran, dass du den Eltern Freude machst, Hans. Denke daran!«

Der Zug fährt, er sieht mich fest an. Ohne Zittern und Zagen. Keiner von uns hat ihn je wiedergesehen. Er war der liebste Bruder, er war aber auch der anständigste Mann, den ich in meinem Leben getroffen habe. Die Eltern haben seinen Verlust nie verwunden ...

Aber das alles war viel, viel später. Damals schien bei uns noch die Sonne. Wir waren noch Kinder, und wenn jetzt die Sonne nicht mehr scheint, so wird bald die winterliche Dunkelheit durch den Weihnachtsbaum erhellt werden. Überall, wo Kinder sind, ist das Weihnachtsfest schön, ich finde natürlich, zu Haus bei uns war es am allerschönsten! Das Hauptverdienst daran trägt sicher der Vater, er hatte eine so liebenswürdig geheimnisvolle Art, unsere Erwartung zu steigern, uns ein bisschen zu foppen und zu necken.

In Berlin halten die Weihnachtsbäume zeitig ihren Einzug auf Straßen und Plätzen. Dann fangen wir Kinder an, Vater zu drängen, dass er auch einen Baum besorgt. Zuerst verschanzt sich Vater dahinter, dass das überhaupt nicht seine Sache sei, sondern die des Weihnachtsmanns. Natürlich kommt er damit bei uns nicht mehr durch, selbst Ede glaubt nicht mehr an diese Figur, seit beim letzten Fest Herrn Markuleits, unseres Portiers, Schuhe unter Vaters umgedrehtem Gehpelz erkannt wurden. Nein, Vater soll machen und einen Baum kaufen. Auf dem Winterfeldtplatz gab es die schönsten.

Schließlich versprach Vater, sich umzusehen, in diesen Tagen habe er aber noch nicht recht Zeit dafür. Doch wir ließen nicht nach mit Drängen. Schließlich ging Vater, und wir alle erwarteten seine Rückkehr mit Spannung. Natürlich kam er leer zurück. Das hatten wir auch nicht anders erwartet, denn Vater kaufte nie etwas sofort. Er erkundigte sich erst überall, wo er es am billigsten bekäme. Aber Vater kam auch recht niedergedrückt heim: Die Weihnachtsbäume waren in diesem Jahre unerschwinglich teuer! Er hatte uns doch recht verstanden, wir wollten wieder einen Baum vom Fußboden bis zur Decke …? Nun also, so etwas hatte er sich schon gedacht, aber solche Bäume gab es nicht unter neun Mark, und mehr als fünf wolle er keinesfalls anlegen … Wenn wir uns freilich mit einem auf den Tisch gestellten Bäumlein begnügen wollten …?

Wir schrien Protest. Es gelang dem Vater immer wieder, unsere Leidenschaft und unsern Zweifel zu erregen, obwohl sich alljährlich das gleiche Spiel wiederholte. Wir wussten ja, dass Vater wirklich *sehr* sparsam war, es war ja möglich, dass Weihnachtsbäume in diesem Jahre besonders teuer waren!

Von nun an kam Vater fast alltäglich mit neuen Geschichten über Weihnachtsbäume heim. Und diese Geschichten klangen so echt, mit ihren drastischen Berolinismen, dass wir immer sicherer wurden, Vater war wirklich auf der Suche nach einem Tannenbaum, hatte aber noch keinen gefunden.

Er erzählte uns, wie er am Viktoria-Luise-Platz beinahe, beinahe einen herrlichen Baum gekauft hatte, als er im letzten Augenblick merkte, dass die meisten seiner Zweige nicht an ihm gewachsen, sondern in eingebohrte Löcher gesteckt waren. Vater berichtete von windschiefen Tannenbäumen und von solchen, die jetzt schon nadelten, und von krummen Bäumen. Am Bayrischen Platz hatte Vater einen Baum fast schon gekauft, er und der Händler waren nur noch um fünfundzwanzig Pfennige auseinander, da war ein Wagen vorgefahren, eine Damenstimme hatte gerufen: »Den Baum will ich!«, und fast aus Vaters Händen wurde der Baum zum Wagen getragen.

Vater tat sehr geheimnisvoll wegen der Käuferin. Er ließ es für möglich erscheinen, dass es vielleicht eine Prinzessin vom kaiserlichen Hof gewesen sei, oder auch eine Hofdame, und er stellte uns vor, dass nun vielleicht des Kronprinzen Kinder mit »unserer Tanne« Weihnachten feierten!

Das versetzte unserer Phantasie einen Schwung, aber es verhalf uns immer noch nicht zu einer Tanne. Und das Fest zog näher und näher. Unser Drängen wurde heftiger. Aber nun wurde Vater plötzlich gleichmütig: Er habe diese ewige Lauferei nach Tannenbäumen satt, sie würden auch noch immer teurer. Nein, nun werde er bis zum vierundzwanzigsten Dezember warten, wenige Stunden vor dem Heiligen Abend gingen die Händler immer mit ihren Preisen herunter, um den Rest loszuwerden. Freilich riskiere man, dass dann alles fort sei, aber er, Vater, nehme lieber ein solches Risiko in Kauf, als dass er Wucherpreise zahle.

Wenn Vater so redete, schielte ich immer nach den Fältchen um seine Augen. Sie waren im Allgemeinen sichere Anzeiger für Ernst oder Scherz. Aber Vater wusste selbst sehr gut, dass solche Anzeiger in seinem Gesicht saßen, beherrschte oder verbarg sie – kurz, er brachte uns alle in Unsicherheit. Wir suchten die ganze Wohnung ab, wir stiegen auf den Boden und in den Keller, wir fanden keine Tanne, wir verzweifelten.

(Einmal ist es mir bei einer solchen Nachsuche geschehen, dass ich auf Mutters Versteck stieß, in dem sie alle unsere Weihnachtsgeschenke verheimlichte. Ich konnte meiner Neugierde nicht widerstehen und sah sie alle an. Ich habe nie ein kläglicheres, freudloseres Weihnachtsfest als dies erlebt. Ich musste noch Freude und Überraschung heucheln, und dabei war mir zum Heulen zumute! Von da an habe ich in der Weihnachtszeit meine Augen hartnäckig von jedem Paket, es mochte das harmloseste sein, fortgewendet.)

Also war es ausgemacht und beschlossen, Vater würde den Baum erst wenige Stunden vor der Bescherung kaufen. Wir waren von Angst erfüllt. Mit Kummer sahen wir die Bestände an Weihnachtsbäumen dahinschwinden, wir flehten Vater an, aber Vater schien unerbittlich.

Dafür hatte er ein neues Spiel erfunden, er ließ uns unsere Geschenke raten. Jeder bekam ein Rätsel auf, wie dieses: »Es ist rund und aus Holz. Aber es ist auch eckig und aus Metall. Es ist neu und doch über tausend Jahre alt. Es ist leicht und doch schwer. Das bekommst du zu Weihnachten, Hans!«

Da konnte man lange raten! Mutter zwar schrie manchmal Weh und Ach. »Das ist zu leicht, Vater. Das muss er ja raten! Du nimmst ihm ja die Vorfreude!«

Aber Vater war seiner Sache sicher, und ich erinnere mich wirklich nicht eines einzigen Males, dass ich ein Geschenk erraten hätte.

Unter all diesen Vorbereitungen nahte das Fest. Am vierundzwanzigsten Dezember stand Vater ungewohnt früh auf und zog sich mit Mutter ins Weihnachtszimmer, wie nun sein Arbeitszimmer hieß, zurück. Über Weihnachten ruhte alle Arbeit bei ihm. Da wollte er seine Familie ganz für sich haben. Für alle Fälle versuchten wir die Schlüssellöcher, trotzdem wir Vaters Vorsicht kannten: Er verhängte sie immer zuerst. Geheimnisvoll verdeckte Gegenstände wurden durch die Wohnung getragen. Alle lächelten, sogar die meist brummige Minna.

Der Vormittag ging für uns Kinder noch so einigermaßen hin. Meist waren wir mit unsern Geschenken für Eltern und Geschwister noch nicht fertig. Mit Eifer wurde laubgesägt, kerbgeschnitzt, spruchgebrannt, gehäkelt und gestickt, und was es da alles sonst noch für Beschäftigungen gab, durch die man in damaligen Zeiten die Wohnungen immer mit Scheuel und Greuel anfüllte.

Zum Mittagessen gab es immer Rindfleisch mit Brühkartoffeln. Mutter vertrat den Standpunkt, dass wir uns noch früh genug den Magen verderben würden und vorher nicht einfach genug essen könnten. Nach dem Essen aber stieg unsere Spannung so sehr, dass wir eine Pest wurden, aus lauter Kribbligkeit und Erwartung brachen ständig Streitigkeiten zwischen uns aus. Schließlich jagte uns Vater auf die Straße mit dem Machtwort, nicht vor sechs Uhr nach Haus zu kommen, eher fange die Bescherung doch nicht an.

Meist trennten wir vier Geschwister uns sofort, wenn wir auf die Straße kamen. Die Schwestern gingen für sich, und ich machte mich mit Ede auf, um die schon hundertmal besichtigten Schaufenster der Spielwarenläden noch einmal anzusehen. Da stellten wir dann fest, was mittlerweile aus den Schaufenstern genommen war, und machten Pläne für das, was wir uns zum nächsten Weihnachtsfest wünschen wollten. Aber die Zeit wurde uns sehr lang, es schien überhaupt nicht dunkel werden zu wollen, und sonst kam die Dämmerung immer so schnell!

Wir gingen und gingen, aber die Zeit verging nicht. Dann kamen wir auf das Spiel, auf den Granitplatten des Bürgersteigs so zu gehen, dass nie auf eine Ritze getreten wurde. Auch durfte man auf jeden Stein nur einmal treten. Gelang es, so bis zur nächsten Straßenecke zu kommen, so wurde ein Lieblingswunsch erfüllt. Dies war also unser Orakel, und es war gar nicht so leicht! Denn manche Steine waren für unsere Kinderbeine sehr breit, auch verlangten entgegenkommende Erwachsene, dass wir ihnen den Weg frei machten, und neben den Granitplatten lag Kleinpflaster – dann ade Lieblingswunsch!

Schließlich war es doch dämmrig geworden. Wir warteten so lange, bis in irgendeinem Fenster der erste Baum brannte, dann stürzten wir nach Haus mit dem Geschrei: »Die Weihnachtsbäume brennen schon überall! Warum geht's denn bei uns noch nicht los?!«

Meist waren die Schwestern kurz vor uns eingetroffen oder kamen gleich hinterher, und meist waren die Eltern dann auch so weit, und wir brauchten nicht länger am Spieße zu zappeln, wie Vater das nannte.

Ich erinnere mich aber auch, dass ich einmal direkt vor der Bescherung noch zu einem Kaufmann in die Martin-Luther-Straße geschickt wurde, um Tomatenmark einzukaufen. Tomatenmark oder, wie man damals noch sagte, Tomatenpüree war zu jener Zeit noch eine teure Sache. Es wurde in kurzen gedrungenen Flaschen verkauft, und die Flasche kostete eine Mark.

Ich bekam also eine Mark in die Hand gedrückt und zog los. Es war ein schneidend kalter Wintertag, und ich war schon von dem vorhergehenden Straßenlaufen ganz durchkältet, so lief ich, so rasch ich nur konnte, zum Kaufmann. Meine Hände waren starr, und die Flasche in ihnen, mit der ich aus dem Laden trat, schien sie noch mehr zu durchkälten. Ich klemmte sie also unter den Arm, steckte die Hände in die Manteltaschen und machte, dass ich nach Haus kam. Kurz vor dem Ziel aber geschah das Unglück: Die Flasche glitt unter meinem Arm hervor, klax! machte sie, und ein blutroter Fleck breitete sich rasch auf dem Schnee aus. Ich stand angedonnert davor …

Nun waren die Eltern gar nicht »so«, ein derartiger Unglücksfall hätte mir nicht mehr als einen leichten Vorwurf und die Mahnung, doch endlich etwas besser aufzupassen, eingetragen. Aber die Festvorfreude, die Ungeduld, schnell zur Bescherung zu kommen, oder auch der Frost in allen Gliedern – ich bin immer ein Frostpeter gewesen – müssen mich völlig verwirrt haben. Ich stand wie gelähmt vor dem roten Fleck im Schnee, bohrte die Knöchel in die Augen und fing jämmerlich an zu weinen.

Trotzdem es in dieser Stunde vor der Bescherung eigentlich alle eilig hatten, sammelte sich bald ein kleiner Kreis um mich, denn zuzusehen hat der Berliner immer Zeit. Vom milden Trost bis zur urwüchsigen Veräppelung fehlte mir bald nichts. Ich erinnere mich noch, dass mir ein besonders hartnäckiger Witzbold immer wieder die Hand auf den Kopf legte und mich zwingen wollte, das Zeug aufzulecken: »Freut sich Mutta doch, det de's wenigstens im Bauche hast!«

Wäre ich nicht so eng umstanden gewesen, hätte ich mich längst auf die Beine gemacht, aber so erschien die Situation ziemlich hoffnungslos.

Plötzlich fragte eine etwas schleppende Stimme: »Was heulste, Junge?«

Ein Mann drängte sich in den Kreis. Ich sah hoch und erkannte *ihn*, mein geheimes Idol! Er besah den roten Tümpel. »Tomatenpüree, was?«, fragte er militärisch kurz. Ich nickte nur. »Kostet wie viel?« Ich schluchzte: »Eine Mark!«

»Hier hast 'ne Mark, Jung«, sagte er. »Weil heute Weihnachten ist. Lass die Pulle aber nicht noch mal fallen!«

Und damit machte er nur den Weg frei, und ich schoss wie ein Pfeil, noch immer etwas schluchzend, in die Martin-Luther-Straße.

Der Gedanke, dass mir grade mein geheimes Idol diese Mark geschenkt hatte, machte mich so glücklich, dass darüber im Augenblick sogar die Festfreude zurücktrat. Ich liebte diesen Mann schon lange aus der Ferne, ich bewunderte ihn, trotzdem er zweifelsfrei ein Mann und kein Herr war, ein Unterschied, den wir Kinder sehr genau lernten. Er musste in einem der Häuser in unserer Nähe wohnen, und wenn wir auf der Straße spielten, sah ich ihn im Sommer wie im Winter zwischen fünf und sechs Uhr vorübergehen. Dann sah ich ihn so lange an, wie es nur irgend ging.

Er trug eine Uniform, er war aber bestimmt nichts Militärisches, wahrscheinlich eher ein städtischer Beamter. Er ging ganz grade, den Kopf etwas im Nacken, und die Augen in dem fahlen Gesicht halb geschlossen. Mit diesen halb geschlossenen Augen und einer Miene gleichgültiger Kennerschaft musterte er alle vorübergehenden Mädchen und Frauen, und trotzdem ich noch ein völliges Kind war, merkte ich doch, dass dieses Mustern auf viele einen Eindruck machte. Sie drehten sich oft nach ihm um, er sich aber nie. Ich habe ihn auch nie mit einem weiblichen Wesen gesehen, er ging immer allein. Er wird wohl einer jener gewissenlosen

Frauenjäger gewesen sein, die nur im Dunkeln auf Beute ausgehen, ein wahres Ekel.

Aber damals war er mein Idol, und zwar vor allem wegen seiner Kopfhaltung und der halb geschlossenen Lider. Zu einer gewissen Zeit war meine Bewunderung für ihn so sehr gestiegen, dass ich mir vor dem Spiegel diese Kopfhaltung und diesen Blick einübte. Das hatte seine gewissen Schwierigkeiten, denn wenn ich die Lider wirklich halb schloss, konnte ich mich im Spiegel nicht recht erkennen. Aber schließlich war ich mit dem Ergebnis meiner Übungen zufrieden und beschloss, damit vor ein größeres Publikum zu gehen.

Im Hause verbot sich das, Vater hielt etwas auf grade Haltung und offenen Blick. Auch ist die Familie ein schlechtes Publikum für außergewöhnliche Leistungen: Der Prophet gilt nichts in seinem Vaterlande.

Also ging ich auf die Straße und promenierte dort auf und ab, in ebenjener einstudierten Haltung: den Kopf zurückgelehnt und die Augen halb geschlossen, die Hände aber hatte ich auf den Rücken gelegt und stolzierte so auf und ab. Ich erregte nicht ganz das Aufsehen, das ich erwartet hatte. So verstärkte ich meine zuerst nur schüchtern angenommene Pose zur vollen Wirkung – und plötzlich schlug ein Herr auf meine Schulter: »Junge, schlaf nur nicht auf der Straße ein!«, schrie er. »Mach gefälligst die Augen auf!«

Es war eine bittere Enttäuschung, und mit einem Schlage gab ich alle Versuche auf, ebenso dämonisch zu wirken wie jener Uniformierte. Aber meiner Verehrung für ihn tat dies keinen Eintrag, im Gegenteil, sie wurde eher noch glühender. Man kann sich danach denken, mit welchem Glück es mich erfüllte, dass grade mein Idol mir eine Mark geschenkt hatte. Ich flog wie von Engelfittichen getragen fort und heim. Ich nehme an, diesmal habe ich das Tomatenmark heil nach Haus gebracht, und die Bescherung konnte ihren Anfang nehmen.

Für die letzte Viertelstunde scheuchte Vater auch noch Mutter aus dem Weihnachtszimmer. Er baute ihr noch rasch seine Geschenke auf, auch war es sein eifersüchtig verteidigtes Vorrecht, die Lichter am Baum zu entzünden. In fliegender Hast warf Mutter sich in Gala, wobei sie noch uns auf Sauberkeit und Ordnung prüfte.

Nun versammelten wir uns schon alle erwartungsvoll auf dem Flur, die Herzen schlugen schneller, die Hoffnungen wurden immer ausschweifender. Ich ertappe mich dabei, dass ich vor lauter Aufregung die Fäuste fest geballt habe und immerzu vor mich hinflüstere: »Au Backe! Au Backe! Au Backe!« Auch Edes Lippen bewegten sich stumm, ich weiß schon, er sagt sich noch einmal das Weihnachtsgedicht auf, das er gleich wird deklamieren müssen ... Nun, in diesem spannendsten Moment, werde ich von der Mutter in die Küche geschickt, um die alte Minna zur Eile anzutreiben. Christa ist längst hier ...

Minna ist noch beim Haarmachen. Ihr dunkles spärliches Haar steht in lauter kurzen Mäuseschwänzchen steil vom Kopfe ab. Jedes Schwänzchen wird sorgfältig mit Ochsenpfotenfett, einer Stangenpomade, eingerieben. Ich flehe Minna an, sich zu beeilen, obwohl ich aus Erfahrung weiß, dass jedes Hetzen bei Minna nur die

Wirkung hat, sie noch zu verlangsamen, und kehre zu Mutter zurück, um ihr Bericht zu erstatten. Mutter entscheidet, dass wir auf Minna warten müssen. Aus dem Bescherungszimmer klingt eine raue Stimme: »Seid ihr auch alle artig?«

Wir brüllen begeistert: »Ja!«

Die Stimme fragt weiter: »Habt ihr euch auch alle die Zähne geputzt?«

Wir brüllen ebenso begeistert: »Nein!«

Und die Stimme fragt zum dritten Male: »Seid ihr denn auch alle fertig?«

Wir brüllen eiligst wieder ein »Ja!«, aber Mutter fügt hastig hinzu: »Wir müssen noch auf Minna warten!«

»Na, denn wartet man!«, ruft die Stimme, und hinter der Tür wird es wieder still.

Aber der Geruch von brennenden Kerzen und Tannennadeln hat sich doch auf dem Flur verbreitet. Unsere Aufregung kann nun nicht mehr höher steigen. Ich tanze auf einem Bein wie ein Irrwisch umher, Ede sieht bleich vor Aufregung aus. Plötzlich geht er, fast finster vor Entschlossenheit, auf Christa zu, nimmt ihre Hand und küsst sie!

Christa wird puterrot und reißt ihm ihre Hand fort. Wir andern brechen in ein verblüfftes Lachen aus.

»Warum hast du das denn bloß gemacht, Ede?«, ruft Mutter verwundert.

»Nur so!«, antwortet er ohne alle Verlegenheit. »Irgendetwas muss man doch tun, und mir war grade so! Man wird ja verrückt vor lauter Warten!«

Nach diesen abgerissen hervorgestoßenen Sätzchen

stellt er sich neben mich und haut mich mit der geballten Faust auf den Bizeps. Alle Vorbedingungen für die schönste Keilerei sind gegeben, aber ...

Aber da erscheint endlich Minna! Ich finde, ihr glatt an den Schädel geschmiertes Haar sieht nicht anders aus als sonst, darum hätte sie uns wirklich nicht so lange warten lassen müssen!

Mutter ruft: »Vater, wir sind soweit!«, und fast augenblicklich ertönt das silberne Bimmeln eines kleinen Glöckchens. Sofort nehmen wir Aufstellung, und zwar ist nach dem Alter anzutreten, was auch genau der Größe entspricht. Wir stehen hintereinander wie die Orgelpfeifen, nur die zu kurz geratene Minna zwischen Christa und der Mutter stört ...

Die Tür zum Bescherungszimmer fliegt auf, eine strahlende Helligkeit begrüßt uns. Geführt von Ede rücken wir im Gänsemarsch ein. Vater, am Flügel sitzend, sieht uns mit einem glücklichen Lächeln entgegen.

Nach geheiligtem Gesetz dürfen wir weder rechts noch links schauen, wir haben schnurstracks auf den Baum loszumarschieren und vor ihm Aufstellung zu nehmen, nach dem Satz: Erst kommt die Pflicht, dann das Vergnügen. Die Pflichterfüllung aber besteht darin, dass Vater nach einem kurzen Vorspiel das Lied »Stille Nacht, heilige Nacht« spielt, nun setzen wir ein, und es wird gesungen. Das heißt, wir sind natürlich nicht wir, ich brumme nur so mit, und auch das gebe ich gleich wieder auf: Die klettern ja auf alle Gipfel!

Unterdes mustere ich den Baum. Jawohl, es ist doch wieder ein Weihnachtsbaum geworden, wie er sein soll, vom Fußboden bis zur Decke. Vater hat uns also doch wieder reingelegt, denn diesen Baum hat er bestimmt nicht erst in der letzten Stunde gekauft! Wo er ihn nur so lange versteckt haben mag?! Im nächsten Jahre falle ich aber bestimmt nicht wieder darauf rein!

Der Baum trägt all den bunten Schmuck, den wir seit unsern frühesten Kindertagen kennen, Gold und Silber, bunte Papierketten, allerlei geometrische Figuren in Rhombengestalt, Vielecke, bei denen jede Seite anders bunt ist, Erzeugnisse unserer Pappklebereien an langen Winterabenden. Dazu uralter wächserner Schmuck noch aus Vaters Elternhaus, zart bemalte Engelchen und vor allem ein Kanarienvogel in grünem Ring, den Mutter jedes Jahr von Neuem verbannt wissen will, denn es fehlt ihm die ganze Hinterfront. Aber Vater besteht mit uns Kindern auf seiner Anwesenheit; er gehört zu unsern Weihnachten. Dazu aber trägt der Baum in Fülle bunte Zuckerringe und Brezeln, schwarze Schokoladenfiguren, vergoldete Nüsse. Siehe da, nichts ist vergessen, auch die traditionellen Knallbonbons entdecke ich, mit denen wir bei der Baumplünderung Silvesterabend das neue Jahr einschießen werden!

Der Gesang ist beendet, Vater tritt in unsern Kreis und sagt ermunternd: »Nun los, Ede, nur Mut!«

Und Ede fängt nach kurzem Räuspern an, sein Weihnachtsgedicht aufzusagen. Es dauert nicht lange, und nun bin ich daran. Mein Teil ist die Weihnachtsgeschichte: »Es begab sich aber zu der Zeit, dass ein Gebot von dem Kaiser Augustus ausging, dass alle Welt geschätzet würde …« Ich weiß eigentlich gar nicht, wieso gerade ich immer dazu kam, an der Weihnachtsgeschichte kleben zu bleiben, die andern hatten es mit ihren kürzeren Verschen viel bequemer. Die Annahme, dass meine Eltern schon damals erkannt hatten, ich eigne mich mehr für Prosa als für Lyrik, scheint mir doch etwas gewagt.

Ich erledigte meine Geschichte glatt, und nun sind die Schwestern dran. Gottlob gibt es auch bei ihnen keine Schwierigkeiten. Einmal nämlich war Fiete zu faul gewesen, ein Weihnachtsgedicht zu lernen, und hatte einfach das letzte in der Schule gelernte Gedicht als Ersatz geliefert. Es war das schöne Bürgersche »Lenore fuhr ums Morgenrot«, worunter ich mir damals Lenore auf dem Wagen des Sonnengottes um das Morgenrot herumfahrend dachte. Aber so schön dies Gedicht auch sein mochte, es hatte einige Erregung, Tränen, Verzögerung der Bescherung gegeben … Gottlob war Heiliger Abend, an dem alles verziehen und vergeben wird!

Während die Schwestern aufsagen, schiele ich doch schon nach den Tischen. Ich möchte doch wenigstens sehen, wo mein Tisch steht, damit ich ihn nachher gleich finde. Im vorigen Jahr stand er beim Ofen. Aber beim ersten Umherschauen blendet mich eine solche Fülle von weißen Tischtüchern, Kerzchen, Bücherreihen, bunt lackiertem Zeug auf jedem Tisch, dass ich überhaupt keine Einzelheiten sehe. Und schon ist Vater hinter mir, dreht meinen Kopf wieder zum Baum und flüstert: »Willst du wohl mal nicht schielen! Alle Geschenke fliegen fort, wenn du schielst!«

Das glaubte ich nun freilich nicht mehr, aber es schien mir doch weise, Vaters Aufforderung zu folgen.

Gottlob ist Itzenplitz jetzt endlich auch fertig. Was hat sie eigentlich aufgesagt? Ich habe kein Wort gehört! Nun gehen wir bei allen umher, allen wünschen wir ein fröhliches Weihnachtsfest, von den Eltern bekommen wir einen Kuss, und nun ertönt endlich, endlich, endlich der Ruf: »Und jetzt sucht sich jeder seinen Tisch!«

Einen Augenblick Verwirrung, Durcheinanderlaufen – und Stille! Tiefe Stille!

Jeder steht fast atemlos vor seinem Tisch. Noch wird nichts angefasst, nur geschaut. Also, da ist er nun wirklich, der lang ersehnte Anker-Brückenbaukasten. Endlich werde ich Cäsar seine Brücke über den Rhein schlagen lassen können. Und da steht Hagenbecks *Leben mit meinen Tieren*. Und daneben, wahrhaftig!, ein Nansen, mein erster Nansen! Gott, ich werde zu lesen haben in diesen Weihnachtstagen … Und da, in runden Holzschachteln, römische Legionen, Germanen und wirklich auch griechische Streitwagen! Ich werde eine Schlacht schlagen können! Ich atme tief auf! Gott, ist das alles schön! Sie sind alle so gut zu mir, und ich bin oft so ruppig! Aber von jetzt an wird alles ganz anders werden, ich will ihnen nur noch Freude machen! Und aufgeregt fange ich an, die Bleisoldaten Schicht für Schicht aus den Schachteln zu nehmen …

Die Stille im Bescherungszimmer ist einem freudigen Lärm gewichen, überall wird gezeigt, gerufen … Schon wird hin und her gelaufen, die Schwestern haben einen ersten Überblick gewonnen und sind nun neugierig … Vater und Mutter lassen sich bald an diesem, bald an jenem Tische sehen. Mutter besteht darauf, dass wir auch das »Nützliche« würdigen: neue Unterhosen oder einen Anzug. Aber das Nützliche ist uns egal, Unterhosen hätten wir sowieso haben müssen, Unterhosen sind nicht Weihnachten, aber Bleisoldaten sind es! Ein bunter Teller ist es, der überquillt von Süßigkeiten. Mit scharfem Blick mustere ich die Anzahl der Apfelsinen und Mandarinen auf dem Teller. Es sind beruhigend wenige, die Hauptsache besteht aus guter solider Leckerei zum Magenverderben. Und als Reserve ist da immer noch der Weihnachtsbaum mit seinem Behang. Es ist zwar verboten, an seine Süßigkeiten vor Silvester, vor der Plünderung zu gehen, aber jedes Stück kennt Vater doch nicht, und in der Weihnachtszeit sind alle Verbote gelockert.

Das Ergebnis war regelmäßig, da die Geschwister ebenso dachten, dass am Silvesterabend die Vorderseite des Baums einen freilich nur spärlichen Paradebehang aufwies. Die Rückseite aber war ratzekahl. Worüber sich Vater ebenso regelmäßig ärgerte, aber nur mäßig, nur weihnachtlich.

Plötzlich tönt ein verzweifeltes Schluchzen durch den Raum. Wir alle fahren hoch und starren. Es ist Christa, die zum ersten Mal das Weihnachtsfest fern dem elterlichen Haus verlebt. Der Kummer und die Freude im Verein haben sie überwältigt …

»Ach, ich bin ja so unglücklich! Ach, wenn ich doch zu Haus sein könnte! Ach, Frau Rat, Sie meinen es ja so gut, und die Nachthemden sind viel zu schön für mich, aber wenn ich sie doch nur für fünf Minuten meiner Mutter zeigen könnte! Ach, ich habe ja alles gar nicht verdient! Nein, ich habe es nicht, Frau Rat! Den Saucenrest in der letzten Woche, den Frau Rat so gesucht hat, den habe ich genascht! Und zwei Kalbsbratenscheiben habe ich auch gegessen! Aber sonst nichts, sonst bestimmt nichts! Und nun soll ich wirklich das schöne Nachthemd anziehen – nein, ich bin ja so unglücklich!«

Das Schluchzen verlor sich in der Ferne, Mutter führte die Gebrochene in stillere, für Beichten geeignetere Räume ab.

Haben wir nun alles gesehen? Können wir nun anfangen mit Spielen und Naschen und Lesen? Nein, denn nun fängt die Bescherung noch einmal an! Wir haben ja so viele Tanten und Onkel: Was die sich zum Weihnachtsfest für uns ausgedacht haben, liegt noch säuberlich verpackt in Paketen, wie sie der Postbote brachte, unter Vaters Schreibtisch. Wir versammeln uns um Vater, auch Mutter ist wieder da, die Mädchen sind in der Küche und legen die letzte Hand an das Abendessen, es fängt nun an die Bescherung nach der Bescherung, die Festfreude in der Festfreude.

Aber das geht nicht so schnell, denn bei Vater muss alles ordentlich zugehen, mit Bedächtigkeit. Er nimmt das erste Paket, er verkündet: »Von Tante Hermine und Onkel Peter«, und vorsichtig fängt er an, den Bindfaden aufzuknoten. In diesem Hause darf nie ein Bindfaden aufgeschnitten werden, alles wird verknüppert, und sei es aus noch so vielen Enden gestückt, mit dicken Knoten verunziert. Zappelig sehen wir Kinder zu. Der Knoten will ja gar nicht aufgehen. Aber Vater hat die Ruhe, wenn wir sie nicht haben. Kunstvoll schlingt er jetzt aus dem abgelösten Bindfaden ein Gebilde, das wir den »Rettungsring« nennen. »Ede, den Bindfadenkasten«, ruft Vater, und Ede trägt ihn herzu. Der Rettungsring wird zu andern schon gesammelten gelegt, bereit zur nächsten Benutzung. Das Packpapier wird methodisch zusammengelegt – und der darunter sichtbare Karton ist noch einmal verschnürt!

Wir Kinder verzweifeln fast vor Ungeduld. Nochmaliges Knüppern und Zusammenrollen. Nun aber wird der Deckel vom Karton abgenommen – und auf dem weißen, alles verhüllenden Seidenpapier liegt der Weihnachtsbrief.

Ein nochmaliger langer Aufenthalt, erst wird der Brief vorgelesen, ehe das Paket ausgepackt wird. Und manche Briefe sind sehr lang, fast ebenso lang wie langweilig, finden wenigstens wir Kinder.

Aber endlich ist es dann so weit. Es wird ausgepackt, es wird verteilt. Die einen freuen sich, die andern versuchen, ihre Enttäuschung zu verbergen. Es ist oft nicht leicht für die Onkel und Tanten, das Rechte zu treffen. Die uns länger nicht besucht haben, halten uns noch für die reinen Babys, sie haben keine Ahnung, wie wir zugenommen haben an Weisheit und Verstand …

Der leere Karton wird beiseitegesetzt, die Geschenke zu den Tischen getragen, und nun kommt ein neuer Karton an die Reihe.

»Von Onkel Albert!«, verkündet der Vater.

So geht es langsam durch zehn oder zwölf Pakete, unsere Geduld wird auf eine harte Probe gestellt. Aber vielleicht ist es grade das, was Vater mit dieser übertriebenen Langsamkeit erreichen will: Wir sollen warten lernen.

»Kinder dürfen nicht gierig sein!« Dies war ein Fundamentalsatz unserer Erziehung. (Ich dachte damals oft, wenn ich ihn hörte: Also dürfen die großen Leute gierig sein? Die haben's aber gut!) »Sei bloß nicht so gierig«, diese Mahnung ist mir hundert-, tausendmal in meiner Jugend zugerufen worden.

Aber die Gierigste von uns allen war unbestreitbar unsere Schwester Fiete. Vor allem konnte sie sich nie vor Kuchen und süßen Speisen bezähmen. Wenn Mutter sie auf irgendeinen Besuch mitnahm, so gierte Fiete ewig nach dem Kuchen, und wenn sie nicht reden durfte, so bettelten ihre Augen so deutlich, dass sich jede Gastgeberin ihrer erbarmte.

Mutter war ganz verzweifelt darüber und beschloss, dass endlich ein Exempel statuiert werden müsse. Das Gieren müsse ein Ende nehmen. Also verabredete sie mit der nächsten Gastgeberin, bei der sie mit Fiete auftauchen wollte, dass Fiete unter keinen Umständen ein Stück Kuchen haben sollte. Sie müsse einsehen lernen, dass es auch einmal so gehe.

Auf dem Hinweg wurde Fiete wiederum eingeschärft, dass sie nicht betteln dürfe, keine Blicke zu werfen habe, dass sie ruhig sitzen solle, kurzum, dass sie musterhaft artig zu sein habe.

Es ging alles auch wunderbar, Fiete bekam keinen Kuchen und gierte doch nicht. Man stand auf, man sagte einander Lebewohl, man stand schon an der Tür, da machte Fiete kehrt, lief an den Kaffeetisch, pflanzte alle fünf Finger in die Torte und rief: »Adieu, Kuchen!«

So viel über das Abgewöhnen kindlichen Gierens.

Schließlich ging auch das Pakete-Auspacken zu Ende. Unsere Tische konnten schon alle Geschenke nicht mehr fassen, sie wurden schon daruntergesetzt, und ganz ehrlich seufzte ich einmal: »Es ist ja alles viel zu viel!« Meine Eltern seufzten auch und dachten dasselbe. Es kam eben durch die ausgebreitete, geschenkfreudige Verwandtschaft. Die Eltern waren gar nicht für die übertriebene Schenkerei, sie hielten sich in ganz bestimmten Grenzen. Für jedes Kind hatte Vater eine Summe ausgeworfen, die Mutter bei ihren Einkäufen nicht überschreiten sollte, darauf sah Vater sehr.

Diese kleine Pedanterie Vaters hat einmal meinem Bruder Ede und mir ein ganzes Weihnachtsfest verdorben. Das kam so: Ich hatte mich dem Drama zugewendet und hatte mir ein Puppentheater gewünscht, mit der Dekoration zum *Freischütz*. Schon lange, ehe Weihnachten war, hatte ich mir ausgedacht, wie wunderbar ich die Wolfsschlucht ausstatten wollte. Der Mond sollte transparent gemacht werden und mittels einer hinter ihm angebrachten Kerze richtig scheinen, auch war bereits im Voraus Magnesium für Blitze beschafft. Ede hatte sich Bleifiguren zum Robinson Crusoe gewünscht.

Schon beim Aufsagen der Gedichte hatte ich die ragende Proszeniumswand des Puppentheaters entdeckt, mein Herz war freudig bewegt. Sobald wir das »Aufsagen« hinter uns hatten, stürzte ich zu »meinem Theater«. Jawohl, da war es, und grade die Dekoration zur Wolfsschlucht war aufgestellt. Ich betrachtete sie, starr vor Entzücken, sie übertraf alle meine Erwartungen!

Da aber war Vater hinter mir und sagte: »Nein, Hans,

das ist nicht dein Tisch. Das ist Edes Tisch! Du bekommst den *Robinson Crusoe*!« Und als er mein bestürztes Gesicht sah, setzte er erklärend hinzu: »Sieh mal, Hans, du bist beim letzten Weihnachtsfest ein bisschen zu gut weggekommen und der Ede zu schlecht. Das Puppentheater ist viel teurer als die Bleifiguren, das muss also Ede bekommen …«

Und er führte mich von der Wolfsschlucht fort zu dem albernen Robinson.

Wie gesagt, ein völlig verdorbenes Fest! Wir Brüder konnten schlecht unsere Enttäuschung verbergen, wollten es wohl auch gar nicht und rührten unsere Geschenke überhaupt nicht an. Dafür schielten wir umso intensiver zum Tisch des andern. Mein guter Vater sah das wohl und fing an, sich erst gelinde, dann kräftig zu ärgern. Ein paar energische Scheltworte konnten unsere Festfreude auch nicht heben. Schließlich bekamen wir den dienstlichen Befehl, gefälligst nicht zu maulen, sondern mit unsern Geschenken zu spielen. Wir taten es mit so herausfordernder Lieblosigkeit, dass Vater uns zornentbrannt ins Bett steckte. Manchmal verlor eben auch er die Geduld – und hatte nun auch sein verdorbenes Fest!

Oft bin ich später gefragt worden, warum wir Brüder die Geschenke nicht einfach nach dem Fest untereinander austauschten. Aber wer so fragt, kennt unsern Vater nicht. Grade weil wir am Festabend gemuckst und getrotzt hatten, sah er darauf und kontrollierte es auch, dass nach seinem Befehl gehandelt wurde. So gütig und geduldig er auch war, so empfindlich war er doch auch gegen jede Auflehnung, und wo er gar etwas wie Gehorsamsverweigerung spürte, wurde er unerbittlich. Gehorsam musste sein, das war ein Grundsatz bei ihm, an dem nicht gerüttelt werden durfte.

In solchen Fällen war er dann auch taub gegen alle Fürbitten der Mutter, die nach Frauenart nicht viel von Prinzipien hielt, sondern lebensklüger vom einzelnen Fall ausging. Für Vater war die Sache sehr einfach: Ich hatte das vorige Mal zu viel bekommen, also bekam ich jetzt wenig, das musste der Dümmste verstehen. Auf den Gedanken, dass es uns Kindern ganz gleich war, wie viel Geld ein Geschenk kostete, ist er leider nicht gekommen. Für Ede war das teure Puppentheater nicht eine Mark wert, der Robinson aber viele Hunderte, wenn man Freude überhaupt in Geld ausdrücken kann …

Es waren dies eben die Schattenseiten von Vaters großer Sparsamkeit und Genauigkeit. So krass wie in diesem einen Falle haben wir sie freilich sonst nie zu fühlen bekommen. Aber ich weiß doch noch, dass es manchmal kleine Differenzen zwischen Vater und Mutter wegen des Haushaltsgeldes gab. Mutter war mit den Jahren eine wahre Künstlerin geworden, sich »einzurichten«. Aber Vater hatte sich einen Jahresvoranschlag gemacht, in dem alles bis auf das Kleinste berücksichtigt war, im Monat war soundso viel vom Gehalt zurückzulegen. Jede Nachforderung zwang ihn nun, seine Pläne umzustoßen, zur Bank zu gehen, vom »Ersparten« etwas abzuheben, alles Dinge, die ihn aufs Äußerste beunruhigten. »Wir wollen doch vorwärtskommen«, klagte er dann.

Wenn Mutter dann antwortete, so müssten wir eben auf Logierbesuch verzichten, blieb er dabei, es müsse sich doch einrichten lassen, wo sechs satt würden, fänden auch sieben ihr Brot, ein Satz, dessen Richtigkeit jede Hausfrau bezweifelt.

Wahrscheinlich infolge dieser genauen Rechnerei von Vater hatte sich bei uns Kindern der Mythos gebildet, Vater habe seit unserer Geburt jeden Pfennig für jedes einzelne von uns angeschrieben, und wer mehr als die andern bekommen habe, dem werde das dermaleinst vom Erbteil abgezogen. Dieses sagenhafte Kontobuch spielte in den Gesprächen und Gedanken von uns Kindern eine große Rolle. Es hatte aber sein Gutes: Wir wurden nie neidisch aufeinander. Bekam Fiete ein neues Kleid und paradierte damit vor Itzenplitz, so sagte die nur wegwerfend: »Das wird dir ja doch von deinem Erbteil abgezogen!«

Fiete antwortete dann zwar: »Na lass doch! Das ist ja noch so lange hin!«, aber es dämpfte doch den Stolz.

Natürlich hat dies sagenhafte Kontobuch nie existiert, trotzdem wir noch als große Menschen ein ganz klein bisschen daran glaubten und uns bei Vaters Tode danach umsahen. Vater hatte ganz im Gegenteil verfügt, dass wir Geschwister ganz gleichmäßig erben sollten, ohne Rücksicht darauf, was eines »vorweg« empfangen hätte. Aber an sich glaube ich noch heute: Hätte Vater nur die nötige Zeit gehabt, er hätte ein solches Buch schon führen können. Er war dazu sehr wohl imstande. Nicht um uns am Ende Mehrsummen abzuziehen, sondern um der Gerechtigkeit willen. Keines von seinen Kindern sollte je denken, es habe etwas vor den andern voraus.

Doch war dieses gar zu ausgerechnete Weihnachtsfest

eine einzige Ausnahme unter vielen, vielen durch nichts getrübten. Wenn wir dann fertig beschert und ausgepackt hatten, ging es zum Essen. Wir Kinder freilich folgten an diesem Abend nur ungern dem Ruf zu Tisch, wir hätten viel lieber weiter mit unsern Spielsachen gespielt und unsern Hunger von den bunten Tellern gestillt.

Aber das wurde natürlich nicht geduldet. In weiser Voraussicht gab es am Heiligen Abend stets Heringssalat, Mutter meinte, vor so viel Süßigkeiten sei etwas Saures das Beste! Schließlich aßen wir doch alle mit gesundem Appetit von den vielen schönen Sachen, und die Begeisterung schlug hohe Wellen. Immerzu wurde davon gesprochen, was jeder von seinen Geschenken besonders mochte, ein Kind ließ kaum das andere zu Worte kommen, jedes wollte den Eltern etwas von seiner Freude erzählen.

Aber vor allem wurde Vater gefragt, was denn nun seine Rätsel zu bedeuten hätten, ich hatte die Lösung des meinen auf dem Tisch nicht finden können und bildete mir nun ein, Vater habe noch ein besonderes Geschenk in der Hinterhand.

»Das ist doch so leicht, Hans«, sagte Vater. »Deine Zinnsoldaten sind eckig, aber die Schachtel um sie ist rund. Sie ist auch leicht, und die Soldaten sind schwer. Römische Legionäre hat es vor tausend Jahren gegeben, und doch besitzt du sie heute. – Na, das zu raten war doch wirklich kein Kunststück, Hans!«

Und das fand ich nun auch.

Dann kam noch der lange Abend, an dem wir bis zehn aufbleiben durften. Während wir uns mit unsern Sachen abgaben – Itzenplitz las natürlich schon, als müsse sie ihre sämtlichen Bücher noch an diesem Weihnachtsabend durchrasen – saß Vater am Flügel und spielte einiges von den neuen Noten durch, die Mutter ihm geschenkt hatte. Mutter aber erschien nur zu kurzen Besuchen im Bescherungszimmer, denn in der Küche wurde noch gewaltig gearbeitet. Die weihnachtliche Gans für den nächsten Tag wurde vorbereitet und überhaupt so viel wie möglich vorgekocht, denn die Mädchen sollten es in den beiden nächsten Tagen auch leichter haben.

Dann ging es ins Bett. Bücher mitzunehmen war verboten, aber irgendein besonders geliebtes Spielzeug durfte sich jedes auf den Stuhl vor seinem Bett stellen.

# Dino Minardi

## *Manchmal verschwimmen die Grenzen*

Marco Pellegrini rannte schräg über die Piazza San Fedele und rettete sich unter den Arkadenbogen am Haus neben der Kirche. Wasser sprühte in alle Richtungen, als er seinen Mantelkragen ausschüttelte. Es goss in Strömen, und die Regentropfen platschten auf das Pflaster des Platzes im Herzen von Como und erzeugten kleine Wasserkrater.

Pellegrini schaute ratlos in den Himmel. Nasses Grau hüllte diesen Dezembertag in Zwielicht. Es war später Nachmittag, die Kirchturmuhr schlug fünf. Doch der Tag fühlte sich viel älter an, geschlagen von der lastenden Düsternis der Winterwolken.

Pellegrini ließ den Blick weiter über den Platz zu den gegenüberliegenden Häusern schweifen, die aus verschiedenen Epochen der vergangenen Jahrhunderte stammten. Ein mittelalterliches Fachwerkhaus drückte sich mit seinen beiden überhängenden Stockwerken hinter die größeren Gebäude, als suchte es Schutz oder wollte um keinen Preis auffallen. Im Erdgeschoss leuchteten die Schaufenster einer Buchhandlung trotzig gegen den dunklen Tag.

Das wuchtig auf den Platz herausragende Haus rechts neben der Buchhandlung wies einen breiten Arkadengang auf, ähnlich dem, in dem Pellegrini stand. Er entschloss sich hinzulaufen und dort in der *pasticceria* einen *caffè* zu trinken oder, falls der Regen anhielt, auch ein Glas Weißwein. Dabei konnte er in Ruhe überlegen, wo er diese verflixte Wanduhr herbekam, die seine Schwester Alessandra sich zu Weihnachten wünschte.

Mit einem ergebenen Seufzen schlug Pellegrini den Mantelkragen wieder hoch und rannte mit weiten Sätzen los. Er waren nur wenige Meter, dennoch war er fast völlig durchnässt, als er ankam. Und zu seinem Unmut musste er feststellen, dass die *pasticceria* schon geschlossen hatte. Merkwürdig, um diese Tageszeit, aber nicht zu ändern.

Er wandte sich ab und betrachtete die Auslage im Schaufenster der Buchhandlung. Hauptsächlich bunte Kinderbücher über Tierkinder, Detektive oder Pferde.

Plötzlich bemerkte er eine Bewegung aus dem Augenwinkel. Im Laden winkte ihm eine Frau mit einer zurückhaltenden Geste, hereinzukommen.

Pellegrini zögerte nur kurz. Er war nass, ihm war kalt, und er fühlte sich allein. Kein Mensch war außer ihm auf der Straße. Das war zwar bei diesem unsäglichen Wetter nicht weiter verwunderlich, doch bevor er den Geschenkladen betreten hatte, waren noch ein paar Dutzend Leute unterwegs gewesen.

Wärme, Licht und Freundlichkeit empfingen ihn, kaum dass er die Buchhandlung betreten hatte. Die Verkäuferin kam auf ihn zu. »*Buonasera*, Commissario Pellegrini. Kommen Sie ruhig herein und wärmen Sie sich auf, Sie müssen nichts kaufen.«

»Den *Commissario* können Sie weglassen, der hat bis Januar Urlaub, solange nichts passiert. Aber woher wissen Sie, wer ich bin?«

»Nun, Sie sind in Como kein Unbekannter, oder?« Die Verkäuferin lächelte. Von Nahem wirkte sie etwas älter, vielleicht schon an die Fünfzig; graue Haare waren zu einem lockeren Knoten aufgesteckt und umrahmten ein Gesicht mit vielen Lachfalten an den Augen und um die Mundwinkel. Dennoch bewegte sie sich zwischen den Ständern mit Büchern unbeschwert wie ein junges Mädchen. »Außerdem«, fuhr sie fort, »kenne ich Alessandra recht gut. Sie kommt regelmäßig her und kauft ein.«

»Wirklich? Das wusste ich nicht.« Pellegrini starrte verwirrt auf ein Wandregal, in dem *Empfehlungen des Monats* ausgestellt waren. »Ich meine damit, bitte verzeihen Sie, Signora, nichts für ungut, aber das verwundert mich.«

»Wieso? Sie liest sehr viel und hat einen hohen Bedarf.«

»Ja, das weiß ich. Aber es ist so: Bei uns im *albergo* oben in Brunate stehen in den Fluren zwei Schränke mit Büchern. Die Gäste, aber auch die Angestellten und die Familie können dort Bücher nehmen und wieder einstellen. Alessandra achtet darauf, dass alles ordentlich bleibt, sie sortiert sie nach Sprachen und entsorgt die ganz zerlesenen Exemplare.«

Die Buchhändlerin lächelte. »Das weiß ich. Aber Ihre Gäste lesen zumeist auf Englisch, Deutsch oder Französisch. Ihre Schwester liest auch englische Bücher, dennoch kann sie damit ihren eigenen Bedarf kaum decken.«

Betroffen schwieg Pellegrini. Es war ihm unangenehm,

dass eine fremde Buchhändlerin Dinge über Alessandra wusste, die ihm unbekannt waren. Er selbst las gern, aber selten, dazu war er zu viel unterwegs und, falls er zu Hause war, meistens zu müde.

Und dann griff er, wie ihm erst jetzt bewusst wurde, lieber in eines der Regale, in die Alessandra die auf Englisch oder Deutsch geschriebenen Bücher platziert hatte.

Pellegrini war in Deutschland geboren worden, da erst sein *Nonno* in den fünfziger Jahren des zurückliegenden Jahrhunderts als Gastarbeiter nach Köln gegangen war und später seine Frau Sara mit ihrem gemeinsamen Sohn nachgeholt hatte, der erwachsen wurde, heiratete und selbst Kinder bekam: den kleinen Marco und seine zwei Jahre jüngere Schwester. Sie waren auf eine deutsche Schule gegangen, bis die Familie in die Lombardei zurückgekehrt war, als er zehn Jahre alt gewesen war. Er liebte den Klang seiner italienischen Muttersprache, die zu Hause ständig gesprochen worden war, doch die Schriftsprache blieb für ihn das Deutsche – vielleicht weil er damit Lesen und Schreiben gelernt hatte. Immer wenn er längere italienische Texte las, fiel ihm auf, wie schrecklich weitschweifig diese Sprache sein konnte: Bücher waren um bis zu einem Fünftel länger als der deutsche Originaltext, und beim Vergleich mit dem Englischen fiel der Unterschied noch drastischer aus. Das Lesen eines noch so spannenden italienischen Buches ging ihm zu langsam, und er wurde schlicht ungeduldig.

»Signore?«

Er schreckte auf. »Verzeihung, ich war in Gedanken. Was haben Sie gefragt?«

»Was Sie gern lesen. Vielleicht Krimis?«

»Bewahre! Viel zu unrealistisch.«

Jetzt lachte die Buchhändlerin laut auf, ein fröhlicher Klang, bei dem Pellegrini beinahe so war, als ob mehr Licht durch den Laden strömte. »Warum sollten Krimis realistisch sein? Ich bitte Sie! Dann könnten meine Kunden Ihre Fallakten lesen, oder nicht? Wer würde das wollen? Bei allem Anspruch an ein gutes Buch, es muss unterhalten! Sie für eine kurze Zeit aus der Wirklichkeit entführen. Die Realität ist schrecklich genug, finden Sie nicht?«

»Vielleicht haben Sie recht, so habe ich das noch nicht betrachtet.« Pellegrini fiel in ihr Lachen ein.

»Wissen Sie was?«, meinte sie. »Ich mache uns zwei *caffè*. Schauen Sie sich um, trocknen Sie, ich bin gleich zurück.« Sie verschwand, ohne seine Antwort abzuwarten.

Pellegrini wanderte die Regale entlang. Dann erst fiel ihm die Treppe auf, die in die oberen Stockwerke führte. Staunend trat er näher. Mit einem Schlag fühlte er sich in die Vergangenheit der Stadt zurückversetzt, Erinnerungen strömten auf ihn ein. Eine offene Metalltreppe war behutsam in alte Backsteinwände eingefasst. Der Blick nach unten traf auf ein kleines Bassin, in dem etwas Wasser stand, als wäre dort einst ein Innenhof mit einer Tränke gewesen. Die linke Wand wirkte wie eine Fassade, unterbrochen von Fensteröffnungen ohne Rahmen oder Scheiben, die Simse aus Schiefer.

Ganz behutsam, um den Zauber des alten Gemäuers nicht zu stören, betrat Pellegrini die Treppe. Hinter den Fenstern waren nur winzige Kammern, leer bis auf nackten Stein. Dennoch hatte er das Gefühl, das Leben von einst zu spüren, ein fernes Summen der Stimmen von Menschen, die hier vor Hunderten von Jahren gelebt und gearbeitet hatten. Ihn überlief ein ehrfürchtiger Schauder. Como war alt, in seinen Eingeweiden versteckten sich Spuren von mehr als dreitausend Jahren Siedlungsgeschichte. In vielen Kellern fanden sich heute noch Überreste der römischen Zeit.

In einem der hohlen Fenster glaubte er eine Bewegung zu sehen. Er fuhr herum, doch da war nichts. Doch über ihm ging eine alte Frau die Treppe hinauf. Als sie den Absatz erreichte, konnte er ihr Profil erkennen. Es war seine Großmutter Sara Pellegrini.

Er taumelte, lehnte sich rücklings gegen das Metallgeländer. Bis gerade war ihm kalt gewesen, hatte er die Nässe des Mantels gespürt. Jetzt brach ihm der Schweiß aus.

Seine *Nonna* Sara war vor fast dreißig Jahren unerwartet im kölnischen Arbeits-Exil verstorben, ohne je an den Comer See zurückgekehrt zu sein, den sie zeit ihres Lebens vermisst hatte.

Irgendwo im Laden schlug eine Tür zu. Erneut schrak Pellegrini zusammen. Die Buchhändlerin schaute zu ihm auf und hob einladend ein rundes Tablett in die Höhe. Erleichtert lächelte Pellegrini und ging die Stufen zu ihr hinab, ohne sich noch einmal umzusehen.

Die Buchhändlerin stellte das Tablett auf der Theke neben der Kasse ab und reichte ihm eine Tasse. »Zucker?«

»Bitte.«

Bittersüßer Duft stieg ihm in die Nase, dicke hellbraune Crema bedeckte den *caffè*. Der Zucker blieb ein, zwei Sekunden darauf liegen, bevor er absank. Pellegrini trank und schmeckte zufrieden der leichten Kakaonote nach, die über seinen Gaumen streichelte.

»Großartig. Sie sind ein Engel! Das lässt einen diesen scheußlichen Tag dort draußen vergessen.«

»Warum sind Sie denn überhaupt unterwegs gewesen?«

»Ich wollte ein Geschenk für Alessandra kaufen. Sie wünscht sich eine ganz bestimmte Wanduhr. Doch der Laden dort drüben hatte das Modell nicht mehr.«

»Nehmen Sie ihr stattdessen ein paar Bücher mit.«

»Das könnte ich.« Pellegrinis Stimme verlor sich.

Die Buchhändlerin stellte ihre leere Tasse ab und wartete höflich. Als er nichts weiter sagte, neigte sie fragend den Kopf.

»Nun, wissen Sie, Alessandra wünscht sich jedes Jahr Bücher. Aber ich habe ihr noch nie welche geschenkt. Ich finde das so einfallslos. So wie Socken und Krawatten oder Parfum.«

»Eine gute Geschichte ist ein Tor in eine andere Wirklichkeit. Sie kann aufrütteln oder beruhigen, zu Tränen rühren, Ihnen einfach eine gute Zeit bescheren. Ich wiederhole mich. Für mich ist das selbstverständlich, doch das scheint es immer weniger zu sein. Statt uns in ein Buch zu versenken, schauen wir uns Fotos vom Essen fremder Leute oder Katzenvideos an. Wir geben die Geschichten auf. Ich kämpfe dafür, dass wir sie bewahren.« Sie lächelte grimmig. »Das soll einfallslos sein?«

Pellegrini schaute sich um, erfüllt von einer Mischung

aus Unbehagen, weil er das, was dieser Frau so wichtig war, bisher so wenig wertgeschätzt hatte, und Trost, weil sie ihm zugleich das Gefühl gab, dass es noch nicht zu spät wäre. Er seufzte laut. »Sie haben ja recht, Signora, es kommt mir vor, als würden Sie diesen trüben Tag mit Erkenntnis erhellen.«

»Na, jetzt werden Sie aber sehr poetisch, das steht Ihnen nicht. Also Bücher für Alessandra?«

»Bedaure, ich weiß leider nicht, was für welche.«

Die Buchhändlerin lachte wieder. »Aber ich!« Sie huschte zwischen die Regale und entnahm einer Kiste drei Bücher. »Die hat sie beim letzten Mal zurücklegen lassen. Bitte!«

Er nahm sie entgegen. Ein historischer Roman über die Schlacht von Hastings, ein sizilianischer Krimi, eine Familiengeschichte aus Südtirol. »Sie liest sehr vielseitig.«

»In der Tat. Wollen Sie es wagen, Commiss… Signor Pellegrini? Ein Buch? Ich habe ein paar Exemplare auf Englisch.«

»Warum nicht?« Grübelnd schaute er ihr nach, während sie sich an einem anderen Regal zu schaffen machte. Hatte er vorhin erwähnt, dass er lieber auf Deutsch oder auf Englisch las? Er erinnerte sich nicht.

Er schaute zur Treppe, fragte sich, ob er wirklich seine *Nonna* gesehen hatte. Viel wahrscheinlicher war, dass ihm seine Augen einen Streich gespielt hatten. Der Anblick des Treppenhauses, dieses Gefühl von Vergangenheit und Vergänglichkeit, hatten ihn überrumpelt.

»Schauen Sie sich das an, bitte.«

Die Buchhändlerin hielt ihm ein Buch entgegen:

*Ursula K. LeGuin – The Dispossessed.*

Pellegrini las den Klappentext und gab ihr das Buch umgehend zurück. »Das ist Science Fiction. Nein, damit kann ich nichts anfangen.«

»Kein Problem.« Sie nahm ihm das Buch aus der Hand und grinste listig. »Dann vielleicht ein Buch über eine idealisierte sozialistische Gesellschaft? Eine Allegorie auf die Möglichkeit des modernen Zusammenlebens?«

»Das klingt etwas sperrig, aber um einiges interessanter. Zeigen Sie mir das Buch.«

Sie hielt ihm dasselbe Buch wie zuvor hin.

Er sah sie fragend an.

»Ich spreche von diesem Buch. Es ist ein gutes Buch, ein wichtiges Buch. Wenn Sie ein blöder Genrebegriff davon abhält, es zu lesen, machen Sie einen großen Fehler.« Wieder dasselbe listige Lächeln. »Wie bei so manchem Krimi übrigens. Aber darüber sprechen wir dann bei Ihrem nächsten Besuch.«

»Na gut.« Lachend gab Pellegrini sich geschlagen. Er nickte in Richtung Kasse, als ihm noch etwas einfiel. »Sagen Sie, haben Sie Bildbände?«

»Natürlich. Was suchen Sie?«

»Falls Sie einen schönen Band über Köln haben? Für meinen *Nonno*.« Im Geiste sah er seinen Großvater vor sich, wie er in der Lobby des *Albergo Pellegrini* saß und Bilder von der Stadt betrachtete, in der er nur ein paar Jahre hatte bleiben wollen und in der er am Ende fünfunddreißig Jahre seines Lebens verbracht hatte.

Die Buchhändlerin brachte ihm ein dickes Buch mit

Hochglanzbildern der Stadt. Es war sündhaft teuer. Aber Pellegrini hatte das Bedürfnis, dieses Buch zu einem Schatz für die Familie zu machen.

Er zahlte, die Buchhändlerin packte ihm alle Bücher sorgfältig in Plastiktüten – »Normalerweise geben wir kein Plastik mehr aus«, sagte sie. »Der Umweltschutz, Sie wissen schon. Aber so kann der Regen ihnen nichts anhaben.«

Pellegrini bedankte sich aus vollem Herzen für die Beratung, für den *caffè* und – fügte er in Gedanken hinzu – eine kurze Flucht aus dem Alltag. Wie in einer Geschichte.

Als er draußen vor dem Laden stand, war ihm, als erwachte er aus einem Traum. Der Regen hatte aufgehört, es war stockfinster geworden. Immer noch war kein Mensch auf der Straße, als schliefe die Stadt einen schönen Traum vom Morgen.

San Fedele wurde von Scheinwerfern angestrahlt, die Fassade der alten Kirche inmitten des Hier und Jetzt. Die Kirchturmuhr schlug viele Male. Pellegrini schaute auf die Uhr. Es war neun.

Neun Uhr abends?

Er wandte sich um. Die Schaufenster der Buchhandlung waren erleuchtet, in der Auslage bunte Kinderbücher über Tierkinder, Detektive und Pferde. Der Verkaufsraum war spärlich erhellt, die größte Lichtquelle war ein grünes Notausgangsschild.

Verwirrt schaute er auf die Tüte. In die Tüte. Zwei Bücher für Alessandra, ein Bildband über Köln, *The Dispossessed* für sich.

Er hätte nicht sagen können, was er in den letzten Stunden unternommen hatte und wem er dabei begegnet war. Trotz allem fühlte es sich nicht schlecht an, im Gegenteil. Er fühlte sich zufrieden, erfüllt und ein bisschen wehmütig, hatte den Eindruck, etwas zurückgelassen zu haben.

*Eine gute Geschichte ist ein Tor in eine andere Wirklichkeit*, glaubte er die Stimme der Buchhändlerin in seinem Geiste zu hören. *Wir haben die Freiheit, dieses Tor zu durchschreiten, zu jeder Zeit, von jedem Ort aus. Manchmal nehmen wir von dort wieder etwas mit uns zurück, sind verändert, erhalten einen neuen Blick auf die Welt.*

*Manche Menschen leben Geschichten, manche Menschen sind Geschichten.*

*Ganz gleich, von welcher Seite aus wir anschließend das Geschehen betrachten, die Geschichte wird immer ein Teil unserer Erinnerung sein und damit ein Stück unserer Wirklichkeit.*

# Diana Menschig

## *Bücherseele*

Wir kamen am Nachmittag eines freundlichen Spätsommertages Ende August in der Buchhandlung an. Ich erinnere mich sehr wohl daran, wie nervös die meisten von uns waren. Viele Monate Vorbereitung lagen hinter uns. Es hatte einen Fehldruck gegeben, der für große Aufregung gesorgt hatte. Aber schlussendlich begann die Auslieferung an die Geschäfte. Unsere Reise führte uns in einen unscheinbaren Laden, der in einem alten Haus einer Kleinstadt gelegen war. Das gefiel mir. Ich hatte schon befürchtet, auf einem dieser nackten weißen Sperrholzmöbel in einem kalt ausgeleuchteten Geschäft inmitten einer Fußgängerzone zu landen. Sicherlich haben auch die Menschen, die dort eine Buchhandlung besuchen, sehr viel für Bücher übrig, aber in diesem leicht verstaubten Ambiente fühlte ich mich wohler. Der Büchertisch war ein massives Eichenholzmöbel, mit Macken und Schrammen, die vom Gebrauch vieler Jahrzehnte zeugten. Ein Bein war nicht mehr richtig fest, sodass der Tisch wackelte, je nachdem, wie er auf dem unebenen Parkett ausgerichtet war.

Wir waren ungefähr zwanzig: Zwei durften ins Schaufenster, eines wurde auf einem Aufsteller an der Kasse platziert und verließ nach nur wenigen Stunden in der

Tasche einer zufriedenen Kundin den Laden. Sieben kamen als Stapel auf den besagten Tisch, der Rest in eine graue Kiste, die in eine Ecke geschoben wurde. Ich lag zuoberst und war sicher, dass es auch in meinem Fall nicht lange dauern würde, bis mich jemand mitnahm.

Wie sehr ich mich irrte.

Nicht nur der Eichenholztisch hatte starke Gebrauchsspuren. Die deckenhohen Regale aus goldbraunem und rotem Holz waren auf den zweiten Blick nicht weniger mitgenommen. Auf den Regalen in dem schmalen Zwischenraum bis zur Decke lag zentimeterdicker Staub, in dem Wollmäuse wisperten. Alles war in die Jahre gekommen, noch funktionstüchtig, aber eben nicht mehr ganz in Ordnung, ein wenig schäbig gar.

Genau das machte den Charme dieser Buchhandlung aus. Sie war ein vergessener, aus der Zeit gefallener Winkel. Ein alter Desktop-PC pustete hinter der Kasse Wärme in den Raum, darüber thronte immerhin ein Flachbildmonitor. Wenn der Buchhändler da war, passte er genau ins Bild. Eine karierte Strickjacke, leicht zerzauster Bart und rote Wangen, auf denen Äderchen geplatzt waren. Doch auch seine Tochter und die Aushilfe, ein riesiger Student der Literaturwissenschaften, der mit seinem Kopf überall anstieß und eine Vorliebe für japanische Mangas hatte, fügten sich gut hinein. Zwar suchte die Tochter lieber auf ihrem Smartphone bei LovelyBooks oder in Bücherforen nach Bücherwünschen der Kundschaft, als den betagten Computer mit der Händler-Software zu benutzen, zwar kleidete sie sich stets nach der aktuellen Mode, zwar kaute sie ständig Kaugummi und hörte die halbe Zeit viel zu laute Musik auf ihren Kopfhörern, aber sie teilte doch die Liebe zu Büchern. Einmal sah ich sie verträumt mit dem Finger über die Schmuckausgabe der *Unendlichen Geschichte* streichen. Und der Student schaute jedes Mal, wenn er mit einer ungelenken Bewegung Bücher zu Boden schickte, drein, als habe er das Unglück der Welt auf sich geladen. Mit einem stummen Fluch auf den Lippen sammelte er die armen Gestrauchelten wieder auf, wischte die Cover sauber, bügelte mit den Fingern Eselsohren glatt und legte alle ganz sorgfältig wieder an ihren Platz.

Am Anfang maß ich den Geschehnissen keine besondere Bedeutung bei. Auch ich landete einmal nach einer linkischen Drehung des Studenten in dem vollgestopften Laden mit anderen Exemplaren coverüber auf dem Boden und stauchte mir die vordere Innenklappe. Nicht dass Sie denken, dass mir das wehtut. Das tut es nicht, zumindest nicht im physischen Sinne. Aber ich habe einen ordentlichen Schreck bekommen. Meine äußere Erscheinung ist durchaus sehr wichtig. Von wegen, nur die inneren Werte zählen … Das Äußere wird vielleicht zunehmend vernachlässigt, und angeblich werden die Cover immer einheitlicher, aber wir waren ansehnlich, das sagten alle. Sanfte Braun- und Blautöne, dazu ein ganz leichter Goldflitter. Und ja, natürlich wäre ich lieber eine gebundene Schmuckausgabe, aber ein hochwertiges Taschenbuch macht doch auch was her. Die Zeiten ändern sich eben.

Nun, mein Absturz sollte nicht der einzige bleiben. Und inzwischen bin ich überzeugt, dass es Bücher gibt, die wie Menschen unter einem Fluch stehen und vom Pech verfolgt werden. Wer weiß das schon, vielleicht gibt es in einem Paralleluniversum eine niederträchtige Gottheit, die es auf bestimmte Bücher abgesehen hat. Aus reiner Bosheit, aus Spaß daran, ihnen Qualen zu bereiten.

Ob Fluch, Gottheit oder einfach blöder Zufall, ich jedenfalls gehöre zu diesen Unglücklichen. Purzelten Bücher zu Boden, war ich darunter. Wurden Bücher von einem Kleinkind mit Schokoladenfingern angetatscht, war ich das erste. Erschreckte sich eine Kundin beim Blättern in ausgelegten Büchern und versah den Buchrücken mit einem tiefen Knick, war mit Sicherheit ich das Buch, dass sie in der Hand hielt. Kam eine Schülerin mit dem Kaffeebecher vorbei und verspritzte ein paar Tropfen, traf es meinen Papierschnitt. Wie die anderen Bücher versuchte ich, dem ein oder anderen Malheur auszuweichen und unauffällig ein Stück zur Seite zu gleiten, bevor mich ein Tropfen traf oder der Kunde mit den dreckigen Fingern nach mir grabschte, aber ich war zu ungeschickt und zu langsam. Und so sah ich nach wenigen Wochen, in denen meine Gefährten eines nach dem anderen mit glücklicher Kundschaft den Laden verließ, aus, als wäre ich Teil der Buchhandlung. Ramponiert, gebraucht, aber – und das war es, was mich schmerzte – nicht abgeliebt, sondern einfach vom Leben zerzaust.

Nach einer Weile lag ich immer zuoberst. Ich wurde das *Ansichtsexemplar*. So lernte ich jegliche Art von

Kundschaft kennen: Hastige und Verträumte, auf der Suche nach der ultimativ fesselnden Geschichte, Zögernde, die wenig Geld hatten, Menschen, die Bücher liebten, und Menschen, die sie hassten, nur einem Auftrag folgten oder ein Geschenk benötigten, dass sie dazu noch lieblos aussuchten. Nicht dass ein Buch jemals ein liebloses Geschenk sein könnte. Jedes Buch hat eine Seele, jedes hat einen Sinn, erklärt einen Sachverhalt oder erzählt eine Geschichte. Aber der Akt des Schenkens kann lieblos sein.

Aus den Wochen wurden Monate, und meine Sorge wuchs. Inzwischen waren alle meine Begleiter, mit denen ich in die Buchhandlung eingezogen war, verkauft, sogar neue waren gefolgt. Nur ich blieb. Und mit jedem Tag, an dem es draußen dunkler wurde, verdüsterte sich auch meine Stimmung. Der Goldflitter auf meinem Cover war längst abgerieben. Könnte ich meine Seiten hängen lassen, ich hätte es getan. Jeden Tag wartete ich darauf, dass der Buchhändler, dessen Gesicht von der Kälte draußen immer röter wurde, den Stempel zückte und mir das Wort *Mängelexemplar* auf den Papierschnitt druckte. Hatte ich Mängel? Ich war einfach nicht mehr ganz so vorzeigbar. Ist das ein Mangel? Vermutlich. Menschen achten auf Äußerlichkeiten. Die Geschichte in mir wurde dadurch nicht schlechter.

Aber einige Tage vor Weihnachten geschah das Schreckliche. Ich hatte bis dahin gedacht, dass Allerschlimmste, was passieren könnte, wäre, *unter* dem Eichenholztisch zu landen. Unter dem wackeligen Bein, als Höhenausgleich, verstehen Sie? Immerhin wäre ich dann noch irgendwie nützlich gewesen, obwohl es mir lieber gewesen wäre, ich könnte jemandem die Geschichte erzählen, die in mir lebt.

Und was könnte schlimmer sein, als einen Tisch vom Wackeln abzuhalten?

Ich wurde abgestempelt, aber damit hatte ich ja bereits gerechnet. Sodann wurde ich mit anderen ausgemusterten Exemplaren in eine Holzkiste vor dem Geschäft gelegt. Es war die Bücherhölle auf Erden. Jetzt zogen die Menschen an uns vorbei, würdigten uns keines, oder wenn doch, eines mitleidigen Blickes und gingen weiter. Der kalte Dezembernebel wellte meine Seiten, aber das war nichts gegen die innere Kälte, die ich empfand. Ich war wertlos, taugte zu nichts. Ich sehnte mich nach einem prasselnden Kaminfeuer, wollte in die tanzenden gelbroten Flammen eintauchen und in ihnen aufgehen. Meine Existenz hatte keinen Sinn, vielleicht nie gehabt. Ich war eines von Zigtausenden, Massenware und jetzt Ramsch. Niemand würde mich vermissen.

Der Heiligabend kam heran. Die Menschen eilten in die Buchhandlung, um Bestellungen abzuholen, letzte Geschenke zu kaufen. Unbeschwerte Fröhlichkeit, von der ich kein Teil sein durfte, lag in der Luft. Mein Papier war kurz davor, einen feucht-modrigen Mief anzunehmen, immer wieder sträubte ich, wenn niemand hinsah, meine Seiten, damit der Geruch sich nicht festsetzte. Der Buchhändler hatte am Vorabend alle anderen Bücher aus der Kiste an eine Kundin verschenkt, die sie für eine kleine Bibliothek eines Seniorenheims mitgenommen hatte. Die Glücklichen! Doch ich eignete mich nicht für alte Leute, fanden sie, und so blieb ich allein zurück. Ich war einsam.

Die Kirchturmuhr hatte bereits zur Mittagszeit geschlagen, und die letzten Kundinnen und Kunden hatten die Buchhandlung verlassen. Die Tochter zählte das Geld in der Kasse und schaltete den Computer aus, der Student räumte eine Kiste mit nicht abgeholten Bestellungen in ein Regal. Der Buchhändler war nicht zu sehen.

Da blieb ein Junge von etwa zwölf Jahren an meiner Kiste stehen. Er starrte mich mit großen Augen an und riss mich dann hoch. Ich erwartete, dass ich meinem Schicksal gemäß aus seinen behandschuhten Händen gleiten und in den Schneematsch auf dem Gehweg fallen würde. Das würde mir den Rest geben.

Doch ich fiel nicht. Stattdessen streifte der warme Atem des Jungen meine Seiten, als er mich durchblätterte.

»Mama, guck mal, was hier liegt!«

»Komm, Chris, wir haben keine Zeit.«

»Darf ich es mitnehmen? Bitte!«

»Du bekommst heute Abend genug Geschenke.«

Der Buchhändler erschien in der Ladentür, den Schlüssel in der Hand. Er verharrte, als er den Jungen sah, dann wandte er den Kopf zu dessen Mutter, die bereits ein paar Schritte weitergegangen war.

»Guten Tag, Frau Mertens. Schöne Feiertage!«

»Danke, Ihnen auch.« Die Frau klang verlegen.

»Mama, das Buch ist hier ganz allein. Es braucht ein Zuhause.«

»Was redest du denn da? Das ist doch kein Tier.«

Der Buchhändler zwinkerte dem Jungen verstohlen zu.

Der Junge nickte lächelnd und drückte mich an sich. Ich erwartete erneut einen Absturz auf den nassen Asphalt und wurde stattdessen an eine Winterjacke gedrückt. Würde ich atmen, ich hätte es nicht gewagt.

»Bitte!«

»Chris …« Die Mutter brach ab.

Der Buchhändler und ich verstanden. Er sagte: »Ich überlasse es Ihnen statt für fünf für drei Euro.«

Die Frau biss sich auf die Unterlippe, ihr schuldbewusster Blick traf auf den sehnsüchtigen ihres Sohnes. Sie schüttelte den Kopf.

Der Buchhändler zuckte mit den Schultern. »Dann schenke ich es Ihnen.«

»Ja? Danke!«, rief der Junge und gleichzeitig die Mutter: »Auf keinen Fall.«

»Aber die anderen Bücher aus der Kiste habe ich gestern auch verschenkt. Sie sollten gelesen werden, das ist ihre Bestimmung.«

Der Blick der Frau wurde hart. »Christian muss lernen, dass das Leben einem nichts schenkt. Dass nichts einfach so vom Himmel fällt. Er kann nicht immer alles haben.«

*Aber!*, dachte ich verzweifelt, *Wir reden über Bücher! Ich brauche ein Zuhause, wirklich!* Ich versuchte mich in die Jacke des Jungen zu kuscheln. Er hielt mich warm und sicher in der einen Hand, mit der anderen kramte er in der Hosentasche. Er förderte ein paar Münzen und einen zerknüllten Kassenzettel zutage.

Dann schüttelte er traurig den Kopf. »Neunzig Cent.«

Der Buchhändler zuckte hilflos mit den Schultern,

schien sich davon abhalten zu müssen, die Hand auszustrecken und das Geld anzunehmen.

»Chris, jetzt leg das Buch hin und komm!« Der Frau schien das Ganze unangenehm zu sein. Sie begriff meinen Wert für ihren Sohn und konnte zugleich nicht einmal die wenigen Euro aufbringen, mich auszulösen. Es war keine freiwillige Entscheidung, so viel verstand ich.

Ich spürte einen eiskalten einsamen Luftzug, als der Junge mich zurück in die Kiste legen wollte. Mein Pech blieb mir treu. Traurig raschelte ich zum Abschied mit den Seiten.

»Warten Sie!«, rief der Buchhändler. »Wie wäre es denn, wenn Chris das Buch abarbeitet?«

Die Frau trat näher. Jetzt erkannte ich ihre müden Augen, den traurigen Zug um ihren Mund.

»Ihnen geht es doch finanziell mit der kleinen Buchhandlung auch nicht gut.«

»Nun ist es aber genug! Wir sprechen über drei Euro. Chris kommt nach den Feiertagen für eine Viertelstunde in den Laden und hilft beim Aufräumen. Dafür darf er dieses unglückliche Buch mitnehmen.« Er streifte mit dem Finger über meinen Papierschnitt, und ich schnurrte lautlos. Es war nicht sein Fehler gewesen, dass es mit mir nicht gut gelaufen ist.

Der Junge schaute zu ihm auf, er war klein für sein Alter. »Ich komme für eine Stunde und darf mir ein zweites Buch mitnehmen«, erklärte er mit fester Stimme.

»Na, das ist mein Sohn.« Die Stimme der Frau schwankte zwischen Empörung und Belustigung.

Der Buchhändler streckte die Hand aus. »Einverstanden!«

Der Junge schlug ein. Mit der linken Hand presste er mich schon wieder gegen die Jacke. Und ich hatte endlich ein Zuhause gefunden.

# Veronika Peters

## *Die beste Kundin der Welt*

Als ich den Laden übernahm, war die Doctora schon da. Ich habe sie sozusagen mit übernommen. Oder sie mich, je nachdem, wie man es betrachten möchte.

Es begann gleich an meinem ersten Tag als stolze Eigentümerin einer heruntergekommenen kleinen Dorfbuchhandlung, die ich schockierend günstig vom Nachlassverwalter der verstorbenen Vorbesitzerin erworben hatte. Meine kluge Freundin Lilly nannte es ein »hirnrissiges Harakiri-Projekt«, die zuständige Sachbearbeiterin bei der Sparkasse hatte beim Ausdrucken der Zahlungsbelege resigniert den Kopf geschüttelt und »die Idealisten sterben anscheinend nie aus« gemurmelt. Nur mein Kumpel Piet hatte gesagt: »Hammergeiler Plan!«, aber Piet war Antikapitalist und sowieso gegen das System. Jedenfalls war fast mein gesamtes Erbe väterlicherseits für den relativ spontanen Erwerb dieses Ladens draufgegangen, den ich schnellstmöglich in einen überregional strahlenden Hort der Literatur zu verwandeln gedachte.

Ich war seit den frühen Morgenstunden in meiner neuen Wirkungsstätte zugange, als eine alte Frau, ich schätzte sie um die achtzig, den Laden betrat. Sie war höchstens einen Meter sechzig groß, sehr schlank, fast schon dürr, und trug über mehrfach geflickten Jeans, deren Hosenbeine in kniehohen Gummistiefeln steckten, eine viel zu große Barbourjacke, dazu einen matschbraunen Stoffhut, der auf einer silberweißen Bubikopffrisur saß.

Weil ich Piet erwartete, der zwei Dörfer weiter wohnte und versprochen hatte, mir beim Streichen zu helfen, war die Vordertür nicht abgeschlossen gewesen, was die alte Frau anscheinend dazu veranlasst hatte, den handgeschriebenen Zettel WEGEN RENOVIERUNG GESCHLOSSEN zu ignorieren. Sie sah sich um, ließ kurz einen derart strengen Blick auf mir ruhen, dass ich mich umgehend schuldig fühlte, dann schüttelte sie missbilligend den Kopf und sagte: »Wo zum Teufel ist der Sessel hin?« Dabei streckte sie einen für ihre geringe Körpergröße erstaunlich langen, knochigen Finger aus und deutete in die Nische rechts hinten, die ich zur Kinderbuchecke umgestalten wollte. Ich stellte den Farbeimer ab, den ich gerade aus dem Büro in den Verkaufsraum geschleppt hatte, Lindgrün, weil das bei Hertas Heimwerkerparadies im Supersonderangebot gewesen war, und sagte: »Entschuldigen Sie bitte, wir haben noch geschlossen. Wenn Sie vielleicht …«

»Das gilt nicht für mich!«, fuhr die Alte scharf dazwischen. »Und wenn Sie in diesem Dorf einen Fuß in die Tür bekommen wollen – ich spreche im übertragenen Sinne – dann sollten Sie sich das gleich und ein für allemal hinter die Ohren schreiben, junge Frau!«

Es war gut und gerne zwanzig Jahre her, dass mir jemand gesagt hatte, ich solle mir etwas »hinter die Ohren schreiben«. Entsprechend verblüfft sah ich sie an, und mir fiel nichts Besseres ein als: »Aha.«

»Ist es da, wo Sie herkommen, etwa nicht üblich, sich einer Älteren gegenüber vorzustellen?«, schnauzte sie mich an.

»Entschuldigen Sie bitte. Mein Name ist Melanie. Ich bin die neue Besitzerin. Melanie Grünberg. Meine Freunde nennen mich Mel.«

»Eins nach dem anderen, Frau Grünberg. Fischer mein Name, Doktor Irmgard Fischer. Ich bin hier Stammkundin.«

Sie sah mich an, als erwarte sie eine bestimmte Reaktion.

»Freut mich sehr, Sie kennenzulernen, Frau Doktor Fischer«, sagte ich.

Die Doctora seufzte, als sei ich ein absolut hoffnungsloser Fall. »Ihnen ist aber schon klar, dass dies hier eine Buchhandlung ist?«, fragte sie.

»Durchaus«, sagte ich. »Deswegen habe ich sie gekauft. Ich bin Buchhändlerin, dies ist eine Buchhandlung, das schien mir gut zueinander zu passen.«

Sie ließ mein Grinsen unerwidert in der Luft stehen, kniff ein Auge zu, als wollte sie mein Mostgewicht als Buchhändlerin einschätzen.

»Sie sollten sich der Tatsache bewusst sein, dass Sie in sehr große Fußstapfen zu treten versuchen«, sagte sie.

»In Ordnung«, sagte ich und verzichtete darauf, den ziemlich desolaten Zustand zu kommentieren, in dem ich die Räumlichkeiten vorgefunden hatte.

»Wo haben Sie gelernt?«, fragte sie.

»In Berlin. Prenzlauer Berg. Georg-Büchner-Buchhandlung, allerfeinste Adresse«, leierte ich herunter.

»Warum haben Sie dann nicht etwas in der Hauptstadt gekauft?«

»Zu teuer. Zu voll. Zu feige. Letzteres: ich.«

Da legte sie den Kopf in den Nacken und gab ein heiseres »Ha!« von sich.

Ich habe absolut keine Erklärung dafür, warum dem so war, aber dies war der Moment, in dem ich begann, die Doctora ernsthaft zu mögen.

»Also?«, sagte sie.

»Also was?«, sagte ich.

»Der blaue Polstersessel!«

»Hinten im Büro. Er soll zur Möbelspende oder zum Sperrmüll. Aber wenn Sie ihn haben möchten, überlasse ich ihn Ihnen gerne.«

»Selbstverständlich werden Sie das, er gehört ja mir.«

Gerade als ich mich erkundigen wollte, was es mit diesen seltsamen Besitzverhältnissen auf sich hatte und wie wir jetzt weiter damit verfahren würden, schabte und kratzte es an der Ladentür. Piet, der Witzbold, dachte ich und rief »Komm rein, du Vogel, es ist nicht abgeschlossen!«.

»Das ist Henry«, sagte die Doctora. »Kein Vogel. Machen Sie ihm die Tür auf!«

Weil ihr Ton keinen Widerspruch zuließ, zumindest nicht von einer Person, die so gestrickt war wie ich, ging ich zur Tür und öffnete. Mit freundlichem Schwanzwedeln trottete ein kleiner braun-schwarz gestromter Mischlingshund herein, der es an Magerkeit mit Frau

Doktor Fischer durchaus aufnehmen konnte. Der Hund tappelte geradewegs in die Ecke, in die die alte Frau zuvor gedeutet hatte, blieb dort stehen und kläffte die Wand an.

»Sehen Sie!«, überbrüllte die Doctora das Kläffen. Bevor ich etwas erwidern konnte, stapfte sie an mir vorbei ins Büro. Ich folgte ihr. Sie blieb vor dem blauen Polstersessel stehen, den ich zum späteren Abtransport neben die Hintertür gewuchtet hatte, ein abgewetztes uraltes Monstrum von einem Möbelstück.

»So geht das aber nicht!«, sagte die Doctora, beide Fäuste in die Hüften gestemmt.

»Was geht wie nicht?«, fragte ich.

»Der muss wieder zurück an seinen Platz. Er hat sogar einen Namen!«

Bezwingende Logik, dachte ich, sah aber davon ab, es laut auszusprechen, weil die stahlblauen Augen der Alten mich böse anfunkelten, als hätte ich flauschige Kaninchenbabys zu ertränken versucht oder ein friedlich spielendes Kleinkind in eine Jauchepfütze geschubst.

»Dürfte ich vielleicht zuerst einmal die Wände neu streichen, bevor wir über die Inneneinrichtung reden?«, sagte ich.

Im Laden bellte der Hund noch immer die Wand an.

»Henry!«, rief die Doctora.

Das Bellen verstummte. Im nächsten Moment kam der Hund ins Büro gefegt. Das Tierchen stoppte kurz, als müsse es sich erst orientieren, raste dann weiter zum Sessel, wo es mit einem beeindruckenden Satz auf die rechte Lehne sprang und aufgeregt fiepend stehen blieb.

Die Doctora schritt mit fast schon sakral anmutender Feierlichkeit ebenfalls zum Sessel, und sobald sie sich niedergelassen hatte, hopste der kleine Hund auf ihre Oberschenkel, um sich dort augenblicklich zu einem Kringel zusammenzurollen. Das sah ziemlich niedlich aus, als hätte sie eine Zimtschnecke aus Pelz auf dem Schoß.

»Sehen Sie!«, wiederholte die Doctora.

»Ich sehe«, sagte ich.

»Was fehlt jetzt noch?«, fragte sie.

Ich sah sie fragend an.

»Was ist das für ein Laden?« Ihrem Ton nach hielt Frau Doktor Fischer mich für reichlich minderbemittelt.

»Buch!«, sagte ich. »Ihnen fehlt ein Buch!«

Da hellte sich ihr Gesicht auf. »Na bitte. Geht doch. Und jetzt zeigen Sie mir mal, was Sie können!«

Den Fehler, sie darauf hinzuweisen, dass diese Buchhandlung noch gar nicht wieder eröffnet sei, wollte ich kein zweites Mal machen. Sie darüber aufzuklären, dass die Neubestände erst zu nächster Woche geordert waren, schien mir ebenfalls sinnlos. Zudem war ich mir darüber im Klaren, dass ich mich in einer Prüfungssituation befand, und ich wollte diese Prüfung unbedingt bestehen. Ich sah mich leicht panisch im Büro um, wo völliges Chaos herrschte: Malerutensilien, Abdeckfolien, Eimer und Leitern, Werkzeuge aller Art lagen überall verstreut. Zudem standen drei Umzugskartons mit der mir verbliebenen persönlichen Habe herum, da hätte sich auch das eine oder andere Buch gefunden, aber das mochte ich meiner Besucherin nicht auf die

Nase binden. Dass ich keine Wohnung mehr hatte und fürs Erste im Laden nächtigen würde, brauchte niemand aus dem Dorf zu wissen. Mir fiel ein, dass sich hinten in einem kleinen Lagerraum, der vom Büro abging, mehrere Kisten mit Altbestand befanden, die der Nachlassverwalter dort hingeschafft hatte. Ich hatte sie am Morgen eilig mit Abdeckfolie geschützt, um sie später in Ruhe zu sichten.

»Einen Augenblick!«

Ich stieg über zwei Farbeimer, schob die größere der beiden Leitern, die ich mir im *Heimwerkerparadies* geliehen hatte, zur Seite, sprang über einen meiner Umzugskartons und gelangte so zu dem Lagerraum, mehr ein Räumchen, maximal drei Quadratmeter Fläche, aber Platz genug, um Bücherkisten darin verschwinden zu lassen, zum Abend hin vielleicht auch Isomatte und Schlafsack, die noch draußen in Papas altem Toyota lagen. Ich hob die Folie der oberen Kiste an, überflog die Titel, die zuoberst lagen, entdeckte gleich zwei, die ich selber liebte. Wieder bei der Doctora angelangt, hielt ich ihr zunächst den einen Titel vor die Nase: Sylvia Beach, *Shakespeare and Company*, eine schöne, gut erhaltene Hardcoverausgabe, der Umschlagsoptik nach aus den sechziger Jahren.

»Netter Versuch!«, sagte die Doctora.

»Sie mögen es nicht?«, sagte ich.

Die Doctora verdrehte die Augen, sah dabei aber schon deutlich zufriedener mit mir aus. »Sind Sie verrückt? Ich habe drei Ausgaben davon zu Hause im Regal stehen: Eine englische Erstauflage, die deutsche Erstausgabe von 1961 und, nur der Vollständigkeit halber, eine leinengebundene französische Ausgabe von 1973.«

Ich war beeindruckt.

»Haben *Sie* es denn gelesen?«, fragte die Doctora streng.

»Wie könnte ich es wagen mich Buchhändlerin zu nennen, ohne das Memoir der großartigen Pariser Buchhändlerin und Literaturvermittlerin Sylvia Beach zu kennen?«, sagte ich.

»Das ist wahr«, sagte Frau Doktor Fischer und verschränkte die Arme vor der Brust, was ein bisschen witzig aussah, weil sie wegen des pelzigen Kringels in ihrem Schoß Schultern und Ellenbogen nach oben zog und in dieser Haltung dem Flaschengeist aus einem von Piets alten Comics ähnelte.

»Dann werden Sie *dieses* grandiose Buch vermutlich ebenfalls in mehreren Ausgabe bei sich zu Hause stehen haben.« Ich hielt ihr *Mrs Dalloway* von Virginia Woolf vor die Nase. »Und ich muss schon sagen«, fuhr ich fort, »dass es mich persönlich über die Maßen freut, hier in diesem kleinen Dorfbuchladen derartige Perlen vorzufinden. Ich hatte sogar mal eine Katze mit dem Namen Clarissa, so sehr liebe ich dieses Buch!«

Zugegeben, das war gelogen, also das mit der Katze. Meine Katze hieß Minga, aber hätte ich mir wieder eine angeschafft, hätte ich sie auf jeden Fall nach der Heldin aus Woolfs Roman benannt – was natürlich eine bescheuerte Idee ist, wenn man auch nur ein zweites Mal darüber nachdenkt. Falls ich mir aber eingebildet hatte, mit meinem anbiederndem Gequassel bei der Doctora zu punkten, lag ich schwer daneben. Sie murmelte etwas, das klang wie »in der Not frisst der Teufel Fliegen«, nahm mir mit gerunzelter Stirn das Buch aus der Hand, seufzte noch einmal, als wäre ihre Geduld nun ein für allemal aufgebraucht.

Was mir zugutegehalten werden muss: Ich habe von Anfang an kapiert, dass man die Doctora beim Lesen nicht zu stören hatte.

Was ich nicht von Anfang an, aber doch sehr bald kapierte: dass die lesende alte Frau im Polstersessel zum Inventar meines Buchladens gehörte.

Sie erschien in den folgenden Tagen jeweils um elf Uhr morgens, stapfte grußlos direkt zum Sessel, den ich selbstverständlich noch in der ersten Nacht zurück an seinen Platz geräumt hatte, und griff nach dem Buch, um ihre Lektüre vom Vortag fortzusetzen. Henry, der zuvor im Maisfeld von Bauer Arnold seine Geschäfte zu erledigen hatte, kam stets etwa fünf Minuten nach der Doctora. Ich gewöhnte mir an, die Tür einen Spalt offen zu lassen und immer etwas Fleischwurst für den Hund in dem kleinen Camping-Kühlschrank zu haben, den Piet seinem Onkel Willi aus dem Camper geklaut hatte, weil Willi, so Piet, »ein mieser Raubkapitalist« war. Der Doctora bot ich Tee oder Kaffee oder Wasser an, was sie stets verweigerte. Ich stellte ihr dennoch regelmäßig etwas hin, und wenn ich abends aufräumte, waren die Tasse oder das Glas immer leer. Gegen siebzehn Uhr, man konnte beinahe die Uhr nach dem Tier stellen, rollte sich Henry aus seiner Zimtschneckenposition und hüpfte vom Schoß der Doctora, um sich bei mir sein Stück Fleischwurst abzuholen und im Anschluss in Richtung Ausgang zu watscheln. Daraufhin klappte Frau Doktor Fischer ihr Buch zu, legte es zurück auf den Melkschemel, den ich ihr als Beistelltischchen organisiert hatte, sagte »bis Morgen« und verließ mitsamt Henry mein Geschäft.

Am Donnerstag der ersten Woche hatte sie gegen Mittag *Mrs Dalloway* ausgelesen, und ich bin heute noch stolz darauf, dass ich daran gedacht hatte, ihr die Bücherkiste griffbereit neben den Sessel zu stellen. Sie nahm sich eine zerfledderte Ausgabe von Annette Kolbs *Die Schaukel* aus dem Karton, maulte: »Wie wäre es endlich mal mit etwas Zeitgenössischem?«, und vertiefte sich aufs Neue in ihre Lektüre.

Sie war eine langsame und gründliche Leserin. Und sie nahm nie eines der Bücher mit nach Hause, wenn sie es nicht zuvor im Laden von der ersten bis zur letzten Seite gelesen hatte. Ihre Begründung dafür: »Ich werde doch nicht so blöd sein und etwas kaufen, was mir nicht gefällt!«

Es war leicht, sich an Frau Doktor Fischers Anwesenheit zu gewöhnen. Sie kam, sie las, sie ging wieder. Piet und ich bemühten uns, sie beim Streichen, Räumen und Regaleaufbauen nicht allzu sehr zu stören, den Gebrauch von Bohrmaschine und Schleifgerät legten wir auf die Zeit nach siebzehn Uhr. Am vierten Abend sagte Piet, als er sich mit einem Feierabendbier seitlich in den Sessel hatte fallen lassen und die langen Beine über die Lehne baumeln ließ: »Ich fühle mich so wie früher in der Schule, wenn ich mich vor Unterrichtsbeginn verbotenerweise auf den Stuhl der Lehrerin gesetzt hatte.«

Ich sagte: »Den Stuhl der Lehrerin hättest du allerdings nicht vorher schützend mit Plastikfolie abgedeckt.«

Als die Doctora dann am Samstag nicht erschien, vermisste ich sie fast schon, obwohl es dem Fortschritt unserer Arbeiten guttat, dass wir zumindest am Wochenende tagsüber auf niemanden Rücksicht nehmen mussten. Zum Glück hatte sie am Freitag ihr Abschiedsritual auf »bis Montag dann« erweitert, sonst hätte ich mir glatt Sorgen gemacht.

Nach zwei arbeitsreichen Wochen war dann alles so weit fertig. Der Laden erstrahlte frisch gestrichen und gut mit Neuware bestückt, auch die Altbestände der Vorbesitzerin hatten einen würdigen Platz in der extra für sie eingerichteten Warengruppe *Modernes Antiquariat* gefunden, und sogar die Kinderbuchecke war richtig schön geworden. Wir hatten sie in einer Nische positioniert, die so weit wie möglich vom Leseplatz der Doctora entfernt war. Piet hatte einen fliegenden *Karlsson vom Dach* an die Wand gepinselt und die Kinderbuchregale mit regenbogenfarbenen Anarchiezeichen geschmückt. Zur Sicherheit hatten wir noch einen lila Filzvorhang so drapiert, dass er als Sicht- und Schallschutz dienen konnte.

Ich hängte also an diesem Montagmorgen, sehr zufrieden mit unserem vollendeten Werk, den WEGEN RENOVIERUNG GESCHLOSSEN-Zettel von der Eingangstür ab, brachte stattdessen einen Strauß bunte Luftballons außen über der Tür an und darunter das alte Emailleschild GEÖFFNET!, das ich bei der Umwandlung des Abstellraums in eine Schlafkoje gefunden hatte.

Als um elf Uhr Frau Doktor Fischer kam, schritt sie nicht, wie bisher, direkt zum Sessel, sondern machte einen Bogen auf mich zu, um mir die Luftballons zu überreichen, die sie von der Tür abgenommen hatte: »Die brauchen wir nicht!« Daraufhin stapfte sie zu ihrem Platz, sah, dass ich ihr einige Neuerscheinungen zur Ansicht auf dem Melkschemel drapiert hatte, brummte »wird langsam besser hier« und griff zu *Der Mann, der alles sah* von Deborah Levy.

Die Doctora besetzte ihren Polstersessel die gesamten ersten sieben Jahre, in der ich die Buchhandlung hatte, jeweils montags bis freitags, elf bis siebzehn Uhr, sie fehlte an keinem einzigen Tag. Ich habe nie herausgefunden, womit sie sich samstags und sonntags beschäftigte, ich habe, mit Ausnahme des ersten Tages, niemals mehr als ein oder zwei kurze Sätze mit ihr gesprochen, ich habe nie erfahren, welchen Namen der blaue Polstersessel trug. Aber ich weiß, dass ich den finanziellen Erfolg, und als solchen möchte ich den Betrieb einer literarischen Dorfbuchhandlung, die ihre Besitzerin *nicht* in den Ruin getrieben hat, unter allen Umständen bezeichnen, ihr zu verdanken habe. Sie hat, wie mir viele im Dorf berichteten, jedem, den sie kannte eingebläut, dass sämtliche Bücher gefälligst bei mir zu kaufen seien. Und als ehemalige Landärztin kannte sie quasi den halben Landkreis bis in die Tiefen seiner Impfhistorie. Ihr zu widersprechen wagte sowieso keiner. Ich glaube, nicht wenige Kunden tauchten bei mir auf, nur um von der Doctora beim Kauf gesehen und später dafür gelobt zu werden. Frau Doktor

Fischer selbst hat im Laufe unserer gemeinsamen Jahre maximal zehn Bücher bei mir gekauft. Für jedes einzelne haben Piet und ich nach Dienstschluss eine Flasche Rotkäppchen-Sekt aufgemacht.

An einem sonnigen Montagmorgen Ende August erschien der kleine Hund alleine im Laden, und ich konnte den ganzen Tag nicht aufhören zu weinen.

Statt Blumen warf ich Frau Doktor Fischer ein Exemplar von T. S. Eliots *The Waste Land* ins Grab.

Henry lebte noch weitere zwei Jahre bei mir in der Buchhandlung. Er knurrte jeden an, der dem Sessel, in dem er tagsüber schlief, näher als einen Meter kam.

# Laura Lippman

## *Bücherschwund*

Eigentlich wollte Tess Monaghan die flippige kleine Kinderbuchhandlung in North Baltimore, die erst vor zwei Jahren neben den Gebrauchtbücher-Shops in der 25th Street aufgemacht hatte, uneingeschränkt toll finden. Es gab so viel Bewundernswertes daran – die bunten Minischaukelstühle und Hocker im umgebauten Wintergarten, der Beo, der »Hi, Süße!« und »Wer kommt denn da?« und – vor allem – »Nimmermehr« sagen konnte. Sie war völlig hingerissen von dem Arnold-Lobel-Poster gegenüber vom Eingang, auf dem ein zottelbärtiger Mann in einem winzigen Cottage voller Bücher saß. Ihr gefiel, dass in dem Laden abgesehen von ein paar Stofftieren und Fancy-Nancy-Boas ausschließlich Bücher verkauft wurden. Sie wusste sehr zu schätzen, dass sie einem das ganze Jahr über Geschenke einpackten und nach vergriffenen Büchern suchten. Sie konnte es kaum erwarten, dass ihre zweijährige Tochter Carla Scout alt genug war, um bei der samstäglichen Vorlesestunde still zu sitzen, obwohl Tess allmählich Bedenken kamen, dass das dauern könnte, bis Carla Scout im College war. Am meisten bewunderte sie jedoch die kontraintuitive Entscheidung, in einer Zeit, in der viele glaubten, Bücher seien vom Aussterben bedroht, eine Buchhandlung zu eröffnen.

Sie hätte es bloß schön gefunden, wenn die Inhaberin des Children's Bookstore Kinder gemocht hätte.

»Pass auf«, zischte die schwarzhaarige Besitzerin an diesem ungewöhnlich frischen Oktobertag, als Carla Scout mit ihrem Frankenstein-Gang auf ein niedriges Regal mit Bilderbüchern zuwatschelte. Fairerweise sollte gesagt sein, dass Carla Scouts Hände nicht die saubersten waren, da Mutter und Tochter gerade einem von Mutters Lieblingslastern gefrönt hatten: mit dunkler Schokolade überzogene Erdnussriegel aus Eddies Lebensmittelladen. Tess war sofort mit einer Serviette zur Stelle und lächelte die Besitzerin entschuldigend an.

»Sorry, aber sie hat Bücher zum Fressen gern. Manchmal im wahrsten Sinne des Wortes.«

»Brauchen Sie Hilfe?«, fragte die Besitzerin, als hätte sie Tess noch nie gesehen, obwohl Tess' Kreditkarte da anderer Ansicht war.

»Ach so – nein, wir suchen ein Geburtstagsgeschenk, aber ich habe schon ein paar Ideen. Meine Tante hat in der Kinderabteilung der Schulbibliothek gearbeitet.« Tess fügte nicht hinzu, dass ihre Tante inzwischen in einem anderen Teil der Stadt eine eigene Buchhandlung hatte und ihr jedes Buch, das sie haben wollte, zum Einkaufspreis besorgte. Doch Tess wollte, dass der Children's Bookstore, der wesentlich näher lag, gut lief. Sie wollte, dass alle Geschäfte in ihrem Viertel gut liefen, aber sich an dieses Prinzip zu halten, war, wie bei den meisten Prinzipien, nicht immer ganz einfach. Spätabends, wenn ihre Tochter schlief und es ganz still im Haus war, konnte sie oft nicht umhin, sich mit der Maus zu Onlinehändlern durchzuklicken, die es einem so einfach machten. (Oder sollte sie sich das doch verkneifen?)

»Sie sind sicher eine von denen«, sagte die Frau.

»Eine von …«

Die Buchhändlerin deutete auf das iPad, das aus Tess' Tragetasche lugte.

»Nein, nein. Das heißt, klar, ich kaufe manchmal E-Books, aber hauptsächlich Sachen, die ich nicht wirklich behalten möchte. Normalerweise lese ich darauf umfangreiche Dokumente. Meine Arbeit ist mit viel Papierkram verbunden, und da macht es mir die Sache deutlich leichter, sämtliche Unterlagen immer bei mir zu haben …«

Die Buchhändlerin verdrehte die Augen. »Aber sicher.« Sie schob sich durch die geblümten Chintz-Vorhänge, die den Laden von ihrem Büro trennten. Anscheinend fand sie es bloß lästig, mit Tess zu reden.

*Sorry*, formte die einzige Angestellte des Ladens stumm mit den Lippen, eine junge Frau mit feuerrotem Haar, zahlreichen Piercings und einem Tattoo auf ihrem linken Oberarm, das wohl Jemima Pratschel-Watschel darstellen sollte.

Wenig später kam die Buchhändlerin mit einer Handtasche unter dem Arm durch die Vorhänge zurückgerauscht. »Ich gehe kurz einen Kaffee trinken, Mona, und dann auf die Bank.« Tess schaute, ob sie auf ein Fahrrad stieg, möglicherweise eins mit einem Korb für einen schnappenden herrenlosen Hund. Doch sie ging, den Kopf gegen den böigen Wind eingezogen, zu Fuß die 25th Street hinunter.

»Sie können sich bestimmt vorstellen, das sind gerade schwere Zeiten für sie«, sagte das Mädchen mit dem Ententattoo, das die Buchhändlerin Mona genannt hatte. »Und was sie am meisten auf die Palme bringt, sind die Leute, die – nichts für ungut – mit ihren E-Readern in den Laden kommen, um sich ausführlich von ihr beraten zu lassen, und sich dann das E-Book runterladen oder im Internet billiger bestellen.«

»Gibt es denn tatsächlich Leute, die Kinderbücher nur digital haben wollen?«

»Sie würden sich wundern. Es gibt einige interaktive Bücher von Dr. Seuss – die sogar richtig gut sind. Aber was die Vorlesefunktion angeht, kann ich das nicht sagen. Ich glaube, es ist nach wie vor wichtig, dass Eltern ihren Kindern vorlesen.«

Tess errötete schuldbewusst. Sie hatte neben allen möglichen Spielen *Hop on Pop* auf ihrem iPad, aber Carla Scout schien viel lieber die E-Mails ihrer Mutter zu öffnen – und dann zu löschen.

»Jedenfalls ist es der plötzliche Bücherschwund«, fuhr Mona fort, »der ihr gewaltig zusetzt. Davon betroffen sind nämlich vor allem die teuersten und schönsten Bücher. *Hugo* und solche Sachen. Viele Caldecott-Bücher, aber nie die Newberys – obwohl sie im selben Regal stehen. Irgendjemand hat es eindeutig auf die Bilderbücher abgesehen. Die wirklich seltenen haben wir aber weggeschlossen.« Sie deutete auf eine Vitrine unter dem Ladentisch, in der gut erhaltene alte Bücher aufbewahrt wurden. *Eloise in Moscow*. Mehrere Titel von Maurice Sendak. *Emily of Deep Valley. Die hundert Kleider* von

Eleanor Estes. Und *Epaminondas and His Auntie*, ein Buch, das Tess nicht kannte und dessen Coverillustration eindeutig nicht nach Computerzeitalter aussah.

Tess merkte, wie sie ihre Rolle wechselte, von der gestressten Mutter zur Privatdetektivin, die in Sicherheitsfragen beriet. Sie studierte ihre Umgebung. »Diese vielen kleinen Räume ... Sie sind sehr gemütlich, aber ein Paradies für Ladendiebe. Sie haben zwar eine Alarmanlage und eine Türglocke, damit Sie wissen, wenn jemand reinkommt, aber keine Kameras. Haben Sie schon mal überlegt, die Kunden zu bitten, ihre Taschen und Rucksäcke abzugeben?«

»Das haben wir versucht, aber Octavia hat ständig die Nummern durcheinandergebracht, und wenn sie gestresst ist ... Sagen wir einfach, das bringt nicht die besten Seiten in ihr zum Vorschein.«

»Octavia?«

»Die Besitzerin.«

Als würde sie durch die Nennung ihres Namens heraufbeschworen, platzte sie wie aus heiterem Himmel mit einem Becher Kaffee in der Hand zur Tür herein. »Ich vergesse ständig, dass die Banken außer freitags immer schon um drei schließen. Na ja, viel einzuzahlen hatte ich ja sowieso nicht.« Ihr Gesicht wurde weicher und freundlicher, als sie Mona ansah. Sie war jünger, als Tess zunächst gedacht hatte, noch keine vierzig. Es waren ihre schroffe Art und ihre schwarz gefärbten Haare, die sie älter aussehen ließen. »Ich kann dir heute gern einen Scheck ausstellen, aber wenn du bis Freitag warten könntest ...«

»Kein Problem, Octavia. Und es ist ja nicht mehr lang bis Halloween. Bestimmt geht es schon bald mit den Weihnachtseinkäufen los.«

Octavia seufzte. »Mehr Leute im Laden. Mehr Ablenkung. Mehr Gelegenheiten.« Sie warf einen Blick auf Carla Scout, die mit einem Buch von Mo Willems auf dem Boden saß und »las«. Tess fand, Octavia müsste trotz allem hingerissen von ihr sein. Was konnte es Bezaubernderes geben als ein lesendes kleines Mädchen, vor allem dieses, das mit den dichten, bereits auf die Schultern fallenden dunklen Haaren und der hellen Haut so schlau gewesen war, nach ihrem Vater zu kommen. Dazu trug sie eine Minibomberjacke aus Leder von GAP, eine rote Jeans und ein Clash-T-Shirt. Tess hatte allein an diesem Tag mindestens vierzigmal »Ist sie nicht süß?« gehört. Sie wartete auf die einundvierzigste Bemerkung dieser Art.

Octavia sagte: »Sie hat das Buch mit Schokolade versaut.«

Dann hatte sie das eben. Sie hatten *Don't Let the Pigeon Drive the Bus* zwar bereits, aber diese beschädigte Ausgabe musste sie wohl schlucken. »Fügen Sie es den anderen Büchern hinzu, wenn ich zahle«, sagte Tess, wohl wissend, dass es Wahnsinn war, Carla Scout von einem Gegenstand fernhalten zu wollen, mit dem sie still und zufrieden war. »Wenn ich das richtig verstanden habe, haben Sie Probleme mit Ladendieben.«

»Mona!« Die Inhaberin sah ihre Angestellte finster an. Tess wäre unter einem solchen Blick vor Scham vergangen, aber die junge Frau zeigte sich unbeeindruckt.

»Dafür muss man sich doch nicht schämen, Octavia. Die Leute bestehlen uns nicht, weil wir böse Menschen sind. Oder weil wir den Laden schlecht führen. Sie tun es einzig und allein aus Eigennutz.«

»Eine Überwachungskamera wäre da sicher hilfreich«, schlug Tess vor.

»Von diesem technischen Kram halte ich nichts«, schniefte Octavia und bedachte Tess' iPad mit einem weiteren vorwurfsvollen Blick, bevor sie etwas weniger verdrießlich hinzufügte: »Außerdem kann ich mir das im Moment sowieso nicht leisten.«

Ihre Aufrichtigkeit stimmte Tess milder. »Ich verstehe. Ist Ihnen ein bestimmtes Muster aufgefallen?«

»Ich kann nicht jede Woche Inventur machen«, begann Octavia, doch Mona fiel ihr rasch ins Wort: »Immer samstags. Ich bin ziemlich sicher, dass es samstags passiert. Dann ist es besonders voll, wegen der Vorlesestunde und weil einfach mehr Kunden kommen – häufig geschiedene Väter, die noch schnell ein Geschenk suchen oder verzweifelt versuchen, ihre Kleinen bei Laune zu halten.«

»Da könnte ich Ihnen vielleicht helfen …«

Octavia hielt eine Hand hoch. »Auch dafür habe ich kein Geld.«

»Ich mache es umsonst«, sagte Tess zu ihrer eigenen Überraschung.

»Warum?« Octavias Stimme starrte vor Argwohn. Sie war es nicht gewohnt, dass jemand nett zu ihr war, merkte Tess – außer vielleicht Mona, der es nichts ausmachte, ein paar Tage auf ihren Gehaltsscheck zu warten.

»Weil ich finde, dass ihr Geschäft für North Baltimore

eine Bereicherung ist, und weil ich möchte, dass meine Tochter hierherkommen kann, wenn sie größer ist. Sie soll ein richtiges Stadtkind werden und mit dem Fahrrad oder dem Bus herfahren und sich selbst Bücher aussuchen. *Betsy-Tacy, Mrs. Piggle-Wiggle, Die Hexe vom Amselteich*, Edward Eager und E. Nesbit. Die ganzen Bücher, die ich als Kind geliebt habe.«

»Alle wollen ihre Lieblingskinderbücher an ihre Kinder weitergeben«, sagte Octavia. »Aber wenn ich etwas in diesem Geschäft gelernt habe, dann dass Kinder ihre eigenen Entdeckungen machen müssen, wenn sie echte Leser werden sollen.«

»Schon möglich. Aber wenn sie mal selbst Bücher für sich entdecken soll, dann gibt es nichts Besseres, als in einer Buchhandlung oder in einer Bibliothek zu stöbern. Die Zufallsfunde, die man dort machen kann, sind durch nichts zu ersetzen.« Sie wandte sich gerade rechtzeitig ihrer Tochter zu, um zu sehen – aber nicht verhindern zu können –, dass sie mit ihren schmutzigen Händen nach einem weiteren Buch griff. »Das nehmen wir auch.«

Wieder draußen auf der 25th Street, Carla Scout in ihrem Buggy angeschnallt, versuchte Tess, sie mit einer Hand zu schieben, während sie mit der anderen auf ihrem Handy ihre Mails checkte. Dabei fuhr sie unweigerlich einem Mann in die Hacken, den sie zumindest vom Sehen gut kannte. Sie und Crow, Carla Scouts Vater, nannten ihn den »Walking Man« und fragten sich oft, woher er die Zeit und die Mittel nahm, Tag für Tag, bei jedem Wetter, meilenweite Wanderungen durch North Baltimore zu machen, als wäre er in irgendeiner Mission unterwegs. Er hätte sogar ganz gut aussehen können, wenn er ab und zu gelächelt und sich gerade gehalten hätte, aber er lächelte nie und die Krümmung seines Rückens ließ vermuten, dass er nicht gerade stehen konnte. Als Tess ihn rammte, drehte er sich rasch von ihr weg und erwischte sie dabei mit dem Rucksack, den er immer bei sich trug. Es war, als würde sie von einem schweren Stein getroffen. Tess fragte sich, ob er absichtlich so schwer war, um seine Haltung zu korrigieren.

»Entschuldigung«, sagte Tess, aber der Walking Man zeigte keinerlei Reaktion. Den Körper zu einem C gekrümmt, ging er auf seine typische plattfüßige Art einfach weiter. Es war nichts Federndes, nichts Dynamisches im Gang des Walking Man, nur das grimmige Bedürfnis, einen Fuß vor den anderen zu setzen, immer und immer wieder. Er war wie jemand aus einem Märchen oder einer Sage, dachte Tess, jemand, der unter einem Fluch stand und dazu verdammt war, immer weiterzugehen, bis der Bann gebrochen war.

Vor ihrer ersten Samstagsschicht in der Buchhandlung fragte Tess ihre Tante um Rat. Sie vermutete nämlich, dass auch sie mit einem enormen »Bücherschwund« in ihrem Laden zu kämpfen hatte.

»Eigentlich nicht«, sagte Kitty. »Bücher sind schwer zu stehlen und noch schwerer weiterzuverkaufen. Es kommt natürlich immer wieder mal vor, aber eine Systematik oder ein bestimmtes Muster kann ich da nicht erkennen – dass es die Diebe zum Beispiel auf ganz bestimmte Bücher abgesehen haben. Das hört sich eher nach einem Racheakt an der Inhaberin an.«

Tess musste an Octavias schroffe Art denken, an Monas Geschichten, wie gereizt sie manchmal war. Trotzdem war schwer vorstellbar, dass sich ein verärgerter Kunde diese Mühe machte. Die meisten Leute begnügten sich damit, auf Yelp eine negative Bewertung zu schreiben.

»So viel kann ich dir allerdings sagen«, fuhr Kitty fort. »Vor Jahren – damals, als es in der 25th Street noch mehr Antiquariate gab – kam es mal zu einem dramatischen Anstieg von Ladendiebstählen. Die Buchhändler konnten kaum glauben, wie viel Ware ihnen dabei abhandenkam und wie willkürlich das Ganze war. Aber dann war plötzlich Schluss damit, von einem Tag auf den anderen.«

»Ist damals irgendwas Besonderes passiert? Warum hat der Spuk plötzlich aufgehört? Haben sie jemanden verhaftet?«

»Soweit ich weiß, nicht.«

»Wahrscheinlich sollte ich mal mit den anderen Buchhändlern in der Straße reden, ob ihnen was aufgefallen ist«, sagte Tess. »Allerdings frage ich mich schon, warum das ausgerechnet *jetzt* passiert.«

»Vielleicht macht sich jemand Sorgen, dass es bald überhaupt keine Bücher mehr geben wird, dass sie regelrecht aussterben.«

Das meinte Kitty eindeutig im Spaß, aber Tess fragte trotzdem: »Ist das denn tatsächlich der Fall?« Die Pause am anderen Ende der Leitung war so lang, dass Tess sich schon fragte, ob die Verbindung unterbrochen worden war. Als Kitty schließlich wieder zu sprechen begann, war ihre Stimme bedrückt, ohne ihre gewohnte Heiterkeit.

»Ich will hier keine Zukunftsprognosen wagen. Schließlich habe ich auch mal gedacht, dass Zeitungen nicht eingehen könnten. Trotzdem glaube ich, dass es immer einen Markt für analoge Bücher geben wird. Wie groß er allerdings sein wird, weiß ich nicht. Ich kann nur sagen, dass mein Geschäft ganz gut läuft – noch. Das Haus gehört mir, ich habe einen großen festen Kundenstamm, und ich habe viel Laufkundschaft, hauptsächlich Touristen. Letztlich kommt es darauf an, was den Leuten wichtig ist. Sind ihnen Buchhandlungen wichtig? Sind ihnen Bücher wichtig? Diese Fragen kann ich dir leider nicht beantworten, Tess. Bücher waren in Bibliotheken jahrelang kostenlos zugänglich, ohne dass sie das entwertet hätte. The Book Thing hier in Baltimore stellt jedem Bücher zur Verfügung, der sie haben will. Kostenlos, ohne irgendwelche Verpflichtungen. Mir schadet das überhaupt nicht. Schon jahrzehntelang kaufen die Leute gebrauchte Bücher, ob nun auf Flohmärkten oder beim Bücherverkauf des Smith College. Aber es hat auch was, auf seinem Computer nur auf eine Taste drücken zu müssen und für 99 Cent etwas so Kurzlebiges zu kaufen, das einem dann auch noch im Handumdrehen frei Haus geliefert wird – erinnerst du dich an *Charlie und die Schokoladenfabrik*?«

»Natürlich.« Wie die meisten Kinder war Tess fasziniert gewesen von Roald Dahls düsteren Geschichten. Er stand auch ganz weit oben auf der Liste der Autoren, von denen sie hoffte, dass Carla Scout sie lesen würde.

»Wie wäre es denn, wenn du tun könntest, wovon Willy Wonka – oder vielmehr Dahl – geträumt hat? Einfach in deinen Fernseher fassen und einen Schokoriegel rausziehen? Wie wäre es, wenn alles, was du dir wünschst, immer verfügbar wäre, rund um die Uhr, sieben Tage die Woche? Inzwischen ist unser Leben ja schon fast so. Alles gibt es auf Knopfdruck. Wir bekommen, was wir wollen und wann wir es wollen. Aber wenn du mich fragst, wird es dadurch viel schwerer für uns zu erkennen, was wir wirklich wollen.«

»In Baltimore ist das kein Problem«, sagte Tess. »Alles, was ich mir hier liefern lassen kann, ist Pizza und chinesisches Essen – und nicht mal von meiner Lieblingspizzeria oder meinem Lieblingschinesen.«

»Du machst nur Witze, um mich von meinen morbiden Gedanken abzubringen.«

»Eigentlich nicht.« Sie machte keine Witze. Die Essenslieferdienste in Baltimore ließen einiges zu wünschen übrig. Gleichzeitig war sie es nicht gewöhnt, ihre stets gut gelaunte Tante in so düsterer Stimmung zu erleben, weshalb sie sie auf andere Gedanken zu bringen versuchte, etwa so, wie sie mit Carla Scout *Switcheroo* spielte. Und es funktionierte. Wie sich herausstellte, war es eine gute Übung fürs Leben, wenn man tagtäglich ein kleines Kind bei Laune halten musste.

Wie angekündigt herrschte am Samstag viel Betrieb im Children's Bookstore. Allerdings fiel Tess schnell auf, dass das Verhältnis zwischen dem Gewusel vor den Regalen und dem an der Kasse ziemlich unausgewogen war.

Sie bemerkte auch das von Mona beschriebene Phänomen, dass die Leute die Buchhandlung als analoges Geschäft für ihre digitalen Bedürfnisse verwendeten. Sie konnte kaum sagen, was ärgerlicher war – die Leute, die ihre Geräte herausholten und ihre Käufe noch in der Buchhandlung tätigten, oder diejenigen, die damit warteten, bis sie wieder draußen auf dem Gehsteig waren, und sich dort fast so verstohlen über ihre Handys und E-Reader beugten, als begingen sie ein Verbrechen. Einerseits war es das ja auch, fand Tess, andererseits aber auch nicht. Es war legal, auch wenn sie Monas Raum und Zeit stahlen und sie als eine Art Kuratorin benutzten.

Auf dem Höhepunkt des Getümmels kam ein Bote herein und schob zwischen den Regalen eine Sackkarre voller Pakete mit Büchern hindurch, von denen ihm das oberste herunterfiel. Er sah auf eine preppyhafte Art auffallend gut aus – und war genauso auffallend ungeschickt. Ihm fielen noch ein paarmal Pakete herunter, als er sich in den hinteren Teil des Ladens durchkämpfte. Einmal platzte eine Schachtel sogar auf, sodass mehrere Bücher auf dem Boden landeten.

»Sorry«, entschuldigte er sich mit einem strahlenden Lächeln, als sie niederkniete, um sie aufzuheben. Außer … Sah Tess tatsächlich, wie er mehrere Bücher aus einem Regal in eine Schachtel schaufelte? Warum tat er das? Er sollte die Pakete doch ausliefern; es war nicht so, dass er sie behalten konnte.

»Tate ist so was von ungeschickt«, bemerkte Mona nicht ohne eine gewisse Zuneigung, als er den Laden wieder verlassen hatte. »Ein richtiger Schatz, aber auch ein ziemlicher Tollpatsch.«

»Heißt das, ihm fällt ständig was runter?«

»Die Pakete fallen ihm runter, er verwechselt die Lieferungen, aber Octavia sieht ihm alles nach. Na ja, bei diesen Grübchen.«

Die Grübchen waren Tess nicht aufgefallen, aber umso mehr die Wirkung, die der Paketbote auf Octavia hatte, als er fünfzehn Minuten später mit bedripster Miene zurückkam.

»Tate!«, rief Octavia sichtlich erfreut.

»Wie kann man nur so blöd sein! Eine der Schachteln, die ich hiergelassen habe … Sie ist für Royal Books ein Stück die Straße rauf.«

»Das macht doch nichts«, sagte Octavia. »Ich komme doch sowieso erst am Abend, wenn ich schließe, dazu, die Samstagslieferungen auszupacken.«

Er sah den Stapel Schachteln durch, den er kurz zuvor geliefert hatte, zeigte Octavia die an Royal Books adressierte und wuchtete sie sich auf die Schulter. Für Tess war nicht zu übersehen, dass die Schachtel nicht mit Klebeband verschlossen war; die zwei oberen Deckelhälften waren wie bei einem Umzugskarton nur lose ineinandergesteckt. Sie folgte ihm nach draußen und beobachtete, wie er die Schachtel in seinen Lieferwagen lud und losfuhr, erst nach Westen und dann auf der Howard Street nach Norden – ohne bei Royal Books anzuhalten.

*An irgendjemanden erinnert er mich*, dachte Tess. *An jemanden, den ich kenne, aber auch nicht kenne. Jemand*

201

*Berühmtes?* Wahrscheinlich glich er bloß einem Schauspieler aus dem Fernsehen.

Wieder zurück in der Buchhandlung, brachte sie es nicht über sich, Octavia von ihrem Verdacht zu erzählen. Octavia war sichtlich aufgeblüht, als sie Tate sah. Außerdem hatte Tess keine Beweise. Noch nicht.

»Und? Ist Ihnen irgendwas aufgefallen?«, fragte Octavia, als der letzte Kunde den Laden verlassen hatte.

»Vielleicht. Wenn heute etwas verschwunden ist, dann aus diesem Regal.« Tess deutete dort, wo Tate die Schachtel heruntergefallen und aufgeplatzt war, auf die unteren Borde. Mona ging in die Hocke und schaute auf die Titel. »Um sicher zu sein, müsste ich erst im Computer nachsehen, aber gestern war das Regal noch voll. Jedenfalls ist kein Seuss mehr da – und Seuss haben wir immer.«

»Warum haben Sie nichts gesagt, wenn Sie es gesehen haben?«, fragte Octavia so gereizt wie eine zahlende Kundin. »Dann *tun* Sie doch wenigstens was.«

»Ich war mir nicht sicher, ob ich wirklich was gesehen habe. Außerdem wollte ich keinen potentiellen Kunden ... bloßstellen. Nächsten Samstag komme ich wieder. Das ist ein Job für zwei.«

Das Leben ist ungerecht. Tess Monaghan, die ihre kleine Tochter in einem Tragetuch dabeihatte, war für die meisten Menschen unsichtbar. Die einzige Ausnahme waren ein paar lüstern glotzende Männer, die beim Anblick des Babys an ihrer Brust Bemerkungen machten wie: »Der beste Platz im Saal.«

Wenn Crow das Tuch umband und die Kleine an *seiner* Brust trug, schmolzen alle dahin – zumindest die Frauen. Und so stand er am nächsten Samstagmorgen in der Buchhandlung und versuchte, nett zu den Frauen um ihn herum zu sein, während er aufpasste, ob ihm etwas Ähnliches auffiel wie Tess eine Woche zuvor. Wieder einmal tauchte Tate genau dann mit sechs Paketen auf seiner Sackkarre auf, als in der Buchhandlung Hochbetrieb herrschte.

*Nichts runtergefallen,* textete Crow.

Mist, dachte Tess. Vielleicht war er so schlau, seine krumme Tour an unterschiedlichen Wochentagen abzuziehen. Dabei war Mona fest davon überzeugt, dass sich die Diebstähle auf die Samstage konzentrierten. Vielleicht bildete sie sich das auch nur ein, vielleicht …

Tess' Handy piepte. *Ein Paket hat er wieder mitgenommen. Angeblich hat er es aus Versehen in den Laden gebracht. Mir ist nichts aufgefallen. Er ist clever.*

Tess nahm das Fahrrad. So, glaubte sie, in North Baltimore an einem Samstag am besten jemandem folgen zu können. Ein Paketbote, selbst einer von einem unbekannten Lieferdienst, der nur am Wochenende arbeitete, musste oft anhalten. Entsprechend mühelos konnte sie ihm auf seiner Tour folgen, obwohl sie in der Nähe des Baltimore Museum of Art fast den Walking Man überfuhr. Doch sie radelte munter weiter hinter dem Boten her und beobachtete ihn beim Ausliefern der Pakete, bis sie irgendwann die Schwachstelle ihres Plans bemerkte: Woher sollte sie wissen, welche Schachtel die aus dem Children's Bookstore war?

Seufzend stellte sie sich darauf ein, dem Children's Bookstore einen weiteren Nachmittag zu opfern.

Und noch einen und noch einen und noch einen. Die nächsten vier Samstage verstrichen ohne besondere Vorkommnisse. Tate tauchte auf, karrte seine Pakete in die Buchhandlung, machte keine Fehler, ließ nichts fallen. Trotzdem ging die ganze Woche über aus Kundennachfragen hervor, dass Bücher fehlten – Bücher, die der Computer als vorrätig gespeichert hatte, ohne dass sie im Laden zu finden waren.

Am fünften Samstag war das Weihnachtsgeschäft in vollem Gang, und in der Buchhandlung herrschte noch größeres Chaos als sonst, als Tate eintraf – und in einer der hinteren Ecken des Ladens, die weder von der Kasse noch von der Vorlesenische im Wintergarten einzusehen war, ein Paket fallen ließ. Tess, die sich draußen auf der Straße auf ihrem Rad bereithielt, verfolgte alles über Facetime auf Crows Handy, das er auf Hüfthöhe hielt. Plötzlich verschwamm das Bild. Mona, die von Tess eingeweiht worden war, kam angestürzt, um Tate zu helfen. Tate schickte sie weg, aber erst nachdem Carla Scouts Trinkbecher auf die Schachtel gefallen war. Dabei löste sich der Deckel, sodass sich genügend roter Saft auf dem Paket ergoss, um einen deutlichen sichtbaren Fleck zu hinterlassen. Crow machte ein Foto davon und leitete es an Tess weiter, die sich auf der anderen Straßenseite postiert hatte. Sie beobachtete, wie Tate das Paket wieder in seinen Wagen lud, und merkte sich die Stelle, wo sich der große rote Fleck befand.

Es war ein langer, kalter Nachmittag, an dem Tess keine Verschnaufpause gegönnt wurde, als sie dem Lieferwagen folgte. Sie fand nicht einmal Zeit, um sich einen Kaffee zu kaufen; und außerdem wollte sie nichts trinken, um nicht auf Toilette zu müssen.

Es ging schon auf vier Uhr zu, und das winterliche Licht begann schwächer zu werden, als Tate einen der berüchtigtsten Hügel von Roland Park hinauffuhr, nicht weit von dem Viertel, in dem Tess wohnte. Nur zu gern hätte sie unten am Fuß gewartet, aber wie sollte sie dann mitbekommen, wo er das Paket ablieferte? Sie ließ Tate fünf Minuten Vorsprung und hoffte, dass er, wie die meisten Autofahrer in Baltimore, Radfahrer einfach nicht wahrnahm.

Sein Lieferwagen stand vor einer großen viktorianischen Villa, wahrscheinlich einer dieser alten Sommersitze, die gebaut worden waren, als die Leute nur fünf bis fünfzehn Meilen fahren mussten, um der drückenden Hitze von Downtown Baltimore zu entfliehen. Allerdings erweckte dieses Haus, das in einer Straße voller Fünf-Millionen-Dollar-Villen stand, nicht den Eindruck, als könnte es mit seiner Umgebung mithalten. Zahlreiche Zedernschindeln waren abgefallen, als würde das Haus haaren; das Dach war an allen möglichen Stellen dilettantisch geflickt, der Schornstein sah aus, als könnte er jeden Moment einstürzen. Der Lieferwagen stand mit laufendem Motor in der Einfahrt, Tate saß noch auf dem Fahrersitz. Tess ging mit ihrem Rad in einer Einfahrt drei Türen weiter in Deckung und tat so, als versuchte sie, etwas daran zu reparieren. Schließlich tauchte ein Mann auf. Er kam jedoch nicht aus dem Haus, sondern aus der dahinterliegenden Remise. Die meisten Nebengebäude in dieser Gegend waren umgebaut oder abgerissen worden, doch dieses schien noch in seinem ursprünglichen Zustand belassen. In seinem Innern brannte Licht, aber das war alles, was Tess sehen konnte, bevor das Tor wieder zugeschoben wurde.

*Irgendwie kommt mir der Mann bekannt vor*, dachte sie. Das war auch ihr spontaner Eindruck gewesen, als sie Tate zum ersten Mal gesehen hatte. *Ist er berühmt, oder kenne ich ihn?*

Der Mann, der sich Tates Lieferwagen näherte, war der Walking Man. Ohne Rucksack, aber er war es eindeutig, und sein Rücken war ohne das gewohnte Gegengewicht noch stärker gekrümmt. Er schüttelte dem Paketboten die Hand, und plötzlich wurde Tess klar, warum sie geglaubt hatte, Tate schon einmal gesehen zu haben – er war eine jüngere, besser aussehende Version des Walking Man.

Tate gab dem Walking Man die Schachtel mit dem roten Fleck. Kein Geld wechselte den Besitzer. Nichts wechselte den Besitzer. Aber selbst im Dämmerlicht war der Fleck deutlich zu erkennen. Der Walking Man trug das Paket in die Remise und schloss wieder das Tor.

Tess sah sich vor eine Wahl gestellt, auf die sie nicht gefasst war. Da Tate vermutlich am meisten zu verlieren hatte, konnte sie ihm folgen und ihn zur Rede stellen. Sein Job stand auf dem Spiel. Allerdings konnte sie ihm keinen Diebstahl nachweisen, solange sie keinen Blick in die Schachtel geworfen hatte. Wenn sie Tate folgte, waren die Bücher bei ihrer Rückkehr vielleicht schon verschwunden, und dann konnte sie nichts mehr beweisen. Sie musste sehen, was in dem Paket war.

Sie schrieb Crow, was sie vorhatte, und ging, ohne auf seine Antwort zu warten, die Einfahrt hinauf. Vermutlich würde er ihr raten, vorsichtig zu sein oder die Polizei zu rufen. Dabei ging es doch nur um eine Schachtel Bücher aus einer Kinderbuchhandlung. Wie gefährlich konnte das schon werden?

Sie klopfte an das Tor der Remise. Minuten vergingen. Sie klopfte noch einmal.

»Ich hab Sie gesehen«, sagte sie zur Dämmerung, zu sich selbst, zu dem Mann in der Remise. »Ich weiß, dass Sie dadrin sind.«

Eine weitere Minute verging, in der zunehmenden Dunkelheit und Kälte eine lange Zeit. Endlich wurde das Tor aufgeschoben.

»Ich kenne Sie nicht«, sagte der Walking Man im ausdruckslosen Ton eines Kindes.

»Ich bin Tess Monaghan, und ich kenne Sie – vom Sehen. Sie sind der ...« Sie hielt gerade noch rechtzeitig inne. Der Walking Man wusste nicht, dass er der Walking Man war. Sie merkte, etwas verspätet, dass *er* sein Dasein nicht auf eine einzige Marotte eingedampft hatte. Egal, wer er war, er definierte sich nicht als der Walking Man. Er hatte ein Leben, eine Geschichte. Vielleicht eine traurige und düstere, angesichts dieser Umgebung und seinen unablässigen, fast zwanghaften Wanderungen. Aber weder in seinem Kopf noch im Spiegel sah er sich als einen Mann, der nichts anderes tat, als durch North Baltimore zu wandern.

Oder vielleicht doch?

»Ich habe Sie schon oft auf der Straße gesehen. Ich wohne nicht weit von hier. Wir sind praktisch Nachbarn.«

Er sah sie seltsam an, sagte aber nichts. Er hatte einen Arm gegen den Rahmen des Tors gestemmt. Hätte sie an ihm vorbeikommen wollen, hätte sie ihn wegstoßen müssen. Sie spürte, dass ihm das nicht gefallen würde; er war es nicht gewohnt, berührt zu werden. Sie musste daran denken, wie abrupt er ausgewichen war, als sie ihm mit dem Buggy in die Hacken gefahren war. Aber im Gegensatz zu den meisten Menschen, die sich zu der Person, die sie anrempelte, umdrehen würden, war er einfach weitergegangen.

»Darf ich reinkommen?«

Er ließ den Arm sinken, was sie als Einladung auffasste – und als Zeichen dafür, dass er glaubte, nichts befürchten zu müssen. Er verhielt sich nicht wie jemand, der sich irgendeiner Schuld bewusst war. Allerdings wusste er auch nicht, dass die Bücher sie vor seine Tür geführt hatten.

Das Paket mit dem Saftfleck lag auf einer Werkbank, die von einer tief herabhängenden Deckenlampe beleuchtet wurde. Tess achtete darauf, dem Mann nie den Rücken zuzukehren, als sie darauf zuging. Sie hätte gern gewusst, wie der Walking Man tatsächlich hieß. Aber er hatte ihr seinen Namen nicht genannt, als sie sich ihm vorgestellt hatte.

»Darf ich?« Sie deutete auf das Paket und griff nach dem Teppichmesser, das daneben lag – allerdings nur, weil sie verhindern wollte, dass er danach griff.

»Es gehört mir«, sagte er.

Sie schaute auf den Adressaufkleber. Die Adresse stimmte. Zur Absicherung, falls der Schwindel aufflog? »William Kemper. Sind Sie das?«

»Ja.« Er verhielt sich seltsam teilnahmslos. Allerdings war sie diejenige, die vor seiner Tür aufgetaucht war und verlangte, den Inhalt eines an ihn adressierten Pakets zu inspizieren. Vielleicht hielt er sie nur für eine weitere dieser schrulligen Bewohnerinnen Baltimores. Vielleicht hatte auch er einen Spitznamen für sie, mit dem er sie auf eine einzige Eigenschaft reduzierte. Die Neugierige.

»Öffnen Sie die Schachtel doch mal.«

Er trat vor und kam ihrer Aufforderung nach. In dem Paket waren mindestens ein Dutzend Bücher, lauter Bilderbücher, alle eindeutig neu. Er begutachtete sie aufmerksam.

»Die sind gut«, sagte er.

»Gut? Wofür?«

Er sah sie an, als wäre sie total beschränkt. »Für meine Arbeit.«

»Was machen Sie denn?«

»Kreieren.«

»Der Mann, der Ihnen die Bücher gebracht hat …«

»Das war mein kleiner Bruder, Tate. Er bringt mir Bücher. Er sagt, er weiß, wo man umsonst welche bekommt.«

»Die sehen aber nagelneu aus.«

Er zuckte mit den Schultern. Diese Feststellung interessierte ihn nicht.

Tess versuchte es anders: »Warum bringt Ihnen Ihr Bruder Bücher?«

»Er meint, es ist besser, wenn er sie mir bringt, als wenn ich mir selber welche besorge.«

Tess musste wieder daran denken, wie sie den Walking Man in der 25th Street gerammt hatte, an den Schlag seines Rucksacks, der so heftig war, dass sie fast einen blauen Fleck bekommen hätte.

»Aber manchmal besorgen Sie sich auch selber welche?«

Er brauchte eine Weile, um sich seine Antwort zurechtzulegen. Ein unehrlicher Mensch hätte sich sofort eine Lüge ausgedacht. Ein normaler Mensch hätte überlegt, welche Vor- und Nachteile es hatte, wenn er log. William Kemper war nur auf seine Wortwahl bedacht.

»Manchmal. Nur, wenn sie mich brauchen.«

»Wer braucht Sie? Die Bücher?«

»Nach einer Weile müssen Bücher atmen. Sie warten so lang. Sie warten und warten, eingesperrt. Man merkt gleich, dass sie sehr lange niemand gelesen hat. Oder auch nur aufgeschlagen.«

»Sie ›befreien‹ sie also? Besteht darin Ihre Arbeit?« Der Walking Man – William – wandte sich von ihr ab und begann, die Bücher, die ihm sein Bruder gebracht hatte, durchzusehen. Er war fertig mit ihr – oder wäre es gern gewesen.

»Diese Bücher wurden aber nicht vernachlässigt. Oder ignoriert.«

»Ich weiß, aber es sind die einzigen Bücher, an die Tate kommen kann. Er glaubt, es ginge mir nur um die Bilder. Aber das stimmt nicht ganz. Ich behelfe mich mit dem, was er bringt, und notfalls besorge ich mir selbst welche.« Er seufzte – wie ein großer Bruder, der die Unzuverlässigkeit seiner Geschwister kennt. Tess vermutete, dass Tate bestimmt auch einigen Anlass zum Seufzen hatte.

»William – waren Sie mal eine Weile weg?«

»Ja.« Der Walking Man blätterte in einem der Bücher und betrachtete die Bilder. Er war mit seinen Gedanken nicht wirklich bei ihrem Gespräch.

»Waren Sie im Gefängnis?«

»Sie haben gesagt, dass es keines war.« Blätter, blätter, blätter. »Jedenfalls bin ich wieder nach Hause gekommen. Endlich.«

»Wann?«

»Vor zwei Wintern.« Das schien Tess eine seltsame Art, es auszudrücken, pseudo-indianisch, aufgesetzt. Aber für einen Mann, der ständig zu Fuß in der Stadt unterwegs war, spielten die Jahreszeiten vermutlich eine größere Rolle.

»Ist das hier Ihr Haus?«

»Meins und Tates. Solange wir die Steuern zahlen können. Das ist so ziemlich alles, was wir einigermaßen hinkriegen. Die Steuern zahlen.«

Das konnte sich Tess gut vorstellen. In dieser Gegend musste man selbst für eine poplige Bruchbude mindestens 15 000, wenn nicht sogar 20 000 Dollar Steuern pro Jahr zahlen. Aber wohnte er tatsächlich in diesem

Haus? Da sich ihre Augen inzwischen an die Dunkelheit gewöhnt hatten, konnte sie erkennen, dass der ehemalige Stall in eine Art Wohnung umgewandelt worden war. Es gab ein Feldbett und eine provisorische Küche mit einer Kochplatte, einem kleinen Kühlschrank und einem Radio. Ein Bad war nicht zu sehen, aber Williams Äußerem nach zu urteilen, konnte er sich und seine Kleidung irgendwo waschen.

Dann fiel ihr auf, was fehlte: *Bücher*. Bis auf die, die Tate gerade gebracht hatte, waren nirgendwo welche zu sehen.

»Wo sind die Bücher, William?«

»Dort«, sagte er nach einem kurzen Moment der Verständnislosigkeit und deutete auf die Werkbank. Er nahm alles sehr wörtlich.

»Nein, ich meine die anderen. Es gibt doch andere, oder?«

»Im Haus.«

»Dürfte ich die mal sehen?«

»Es ist fast dunkel.«

»Na und?«

»Dann muss ich Licht machen.«

»Gibt es denn im Haus kein Licht?«

»Einen Stromanschluss haben wir schon. Tate meint, wir sollten ihn unbedingt behalten, sonst beschweren sich die Nachbarn; sie meinen, das sei gefährlich. Wasser, Gas und Strom haben wir noch. Aber alles, was wir benutzen, sind die Waschmaschine und der Trockner – und die Dusche. Wenn es richtig kalt wird, kann ich im Haus bleiben, aber selbst wenn die Heizung an ist, ist es noch ganz schön kalt. Es ist sehr groß. Das Wichtigste ist, dass wir es gut in Schuss halten, damit sich niemand beschwert.«

Diese relativ ausführliche Auskunft schien ihn erschöpft zu haben. Tess merkte, dass ihn allein ihre Anwesenheit enorm stresste. Aber es war nicht der Stress *aufzufliegen*. Er hatte keine Angst. Leute machten ihn einfach grundsätzlich nervös. Vielleicht war das ein weiterer Grund, weshalb der Walking Man ständig durch die Stadt streifte. Niemand konnte ihn einholen und in ein Gespräch verwickeln.

»Ich würde gern die Bücher sehen, William.«

»Warum?«

»Weil ich … einige der Leute vertrete, denen sie mal gehört haben.«

»Sie haben sie nicht geliebt.«

»Vielleicht.« Es schien sinnlos, mit William zu diskutieren. »Ich würde sie gern sehen.«


Bisher war Tess nicht aufgefallen, wie groß das Haus war und wie weit von der Straße zurückversetzt. Selbst für dieses Viertel war es riesig und nahm fast den gesamten flachen Bereich des Grundstücks ein. Der Rest war ein lang gezogener steiler Hang. Da das Haus etwas erhöht lag, hatte man einen phantastischen Blick auf die Stadt und den nahen Highway. William nahm den Hintereingang, der in einen gewöhnlichen, etwas altmodischen Waschraum führte. Die Geräte darin sahen alle mindestens zehn, fünfzehn Jahre alt aus.

»Wenn die Nachbarn Licht im Haus sehen, rufen sie vielleicht die Polizei«, quengelte William.

»Denken sie denn, das Haus stünde leer?«

»Sie würden alles tun, um uns zu vertreiben. Sie warten nur darauf, dass wir unangenehm auffallen. Tate meint, das müssen wir unbedingt vermeiden.«

Er führte sie durch die Küche, in der ebenfalls kein Licht brannte. Sie war alt und schlicht, aber sauber, nur ein bisschen staubig, weil sie offensichtlich nicht benutzt wurde. Dann kamen sie in einen langen, düsteren Flur, an dessen Ende eine Glastür in einen saalartigen Raum führte. William öffnete sie, und sie betraten einen Raum mit vielen Fenstern. Dort war es nicht ganz so dunkel wie im Flur.

»Der Ballsaal. Soviel ich weiß, haben wir hier aber nie einen Ball veranstaltet«, sagte er.

Ein Ballsaal. Das war wirklich eine der großen alten Villen von Roland Park.

»Aber wo sind die Bücher, William?«, fragte Tess.

Er blinzelte überrascht. »Ach so, wahrscheinlich brauchen Sie mehr Licht. Ich dachte, die Lichter der anderen Häuser würden reichen.« Er drückte auf einen Schalter, und das Licht eines Kronleuchters durchflutete den Raum. Doch er war vollkommen leer.

»Die Bücher, William. Wo sind sie?«

»Hier überall.«

Erst jetzt bemerkte Tess, dass das, was sie zunächst für eine Tapete mit einem eigenartigen wirren Muster gehalten hatte, aus lauter Buchseiten bestand – unzähligen Buchseiten. Einige enthielten nur Text, aber an einem bestimmten Punkt dieses gigantischen Projekts – die Decke war bestimmt sechs, wenn nicht neun Meter hoch – kamen die Kinderbücher ins Spiel. Tess trat näher, um sich genauer anzusehen, was er getan hatte. Sie hatte zwei linke Hände, aber allem Anschein nach hatte er eine Art Decoupage-Technik angewandt. Jedenfalls waren die Buchseiten mit einem Lack versiegelt. Allerdings bot er keinen UV-Schutz, da die nach Süden ausgerichteten Wände, die am meisten Licht abbekamen, Sonnenverfärbungen aufwiesen.

Als sie den Blick senkte, merkte sie, dass er mit dem Fußboden genauso verfahren war oder zumindest damit angefangen hatte; ein Teil des ursprünglichen Parketts war nämlich noch zu sehen.

»Sieht es im ganzen Haus so aus?«

»Noch nicht«, sagte er. »Es ist ziemlich groß.«

»Aber, William … diese Bücher, sie gehören Ihnen doch gar nicht. Sie haben sie zerstört.«

»Wieso?«, sagte er. »Man kann sie immer noch lesen. Die Seiten sind in der richtigen Reihenfolge. Ich lasse sie leben. Sie waren kurz davor zu sterben, zwischen den Buchdeckeln, in den Regalen. Niemand hat sie angesehen. Jetzt liegen sie für immer offen da, immer bereit, gelesen zu werden.«

»Aber hier kann sie doch auch niemand sehen«, sagte sie.

»Ich schon. Und Sie auch.«


»William ist mein Halbbruder«, erzählte Tate Kemper Tess ein paar Tage später bei einem Mittagessen im Paper Moon Diner, einem beliebten Treff von North Baltimore und ein Eldorado für Liebhaber von altem Spielzeug und sonstigen Kuriositäten. »Er ist fünfzehn Jahre älter als ich, und er musste eine Weile in eine Klinik eingewiesen werden. Dann erklärte sich unser Großvater, der Vater unseres Vaters, bereit, für seine Betreuung aufzukommen. Er brachte ihn in einer kleinen Wohnung nicht weit von hier unter und stellte eine Pflegerin ein. Das Haus hinterließ er uns, alles andere bekam seine dritte Frau. Meine Mutter und ich hatten sowieso nie Geld, deshalb war das für uns nicht weiter problematisch. Als William jung war, war unser Vater allerdings noch reich, weshalb sich über sein Auskommen als Erwachsener niemand Gedanken gemacht hat.«

»Wenn Sie das Haus verkaufen, könnten Sie doch problemlos für Williams Betreuung aufkommen – zumindest eine Weile.«

»Klar, selbst wenn der Immobilienmarkt gerade nicht günstig ist, würde ich trotz des schlechten Zustands wahrscheinlich noch fast eine Million bekommen. Aber William hat mich angefleht, es zu behalten. Er will sich unbedingt allein durchschlagen. Er meint, Großvater wäre der einzige Mensch, der jemals nett zu ihm war – was sicher richtig ist. Seine Mutter ist tot, und unser Vater ist ein echter Idiot. Er wurde von seinem Vater enterbt, und wir haben beide schon lange keinen Kontakt mehr zu ihm. Deshalb hab ich William in die Remise ziehen lassen. Ich hab erst nach ein paar Monaten bemerkt, was er da eigentlich macht.«

»Aber das hat er davor auch schon getan, oder?« Tate nickte. »Ja, er wurde schon vor Jahren beim Bücherklauen erwischt. Mehrere Male. Wir fürchteten, er könnte unter so ein Wiederholungstätergesetz fallen. Deshalb erklärte sich unser Großvater im Zug eines Deals bereit, für seine Behandlung in einer psychiatrischen Klinik aufzukommen. Als er entlassen wurde, kümmerte sich die Betreuerin um ihn, damit er nicht wieder Ärger bekam. Doch sobald er Zugang zu Großvaters Haus hatte …« Er schüttelte den Kopf und seufzte genau so, wie William geseufzt hatte.

»Wie viele Bücher haben Sie für ihn gestohlen?«

»Fünfzig, hundert, keine Ahnung. Ich habe es in mehreren Buchhandlungen probiert, aber die anderen Inhaber haben, na ja, ein bisschen besser aufgepasst als Octavia.«

Nein, wollte Tess sagen, sie waren nur nicht verschossen in Sie.

»Könnten Sie das Geld zurückzahlen?«

»Ich könnte es abstottern. Aber das würde nichts nützen. Dann stiehlt William nur wieder mehr. Ich stecke in der Klemme. Außerdem …« Tate wirkte trotzig, stolz. »Irgendwie finde ich klasse, was er macht.«

Tess widersprach ihm nicht. »Die Sache ist nur die: Wenn Ihnen etwas zustößt – wenn Sie erwischt werden oder Ihren Job verlieren –, sind Sie beide dran. Sie können nicht ewig so weitermachen. Und Sie müssen Octavia den Schaden ersetzen. Sie können es ja anonym tun, über mich, und immer nur so viel, wie Sie sich leisten können. Dann zeige ich Ihnen auch, wie William umsonst so viele Bücher bekommt, wie er braucht.«

»Wie stellen Sie …«

»Vertrauen Sie mir einfach«, sagte sie. »Und noch was.«

»Ja, was?«

»Würde es Sie sehr viel Überwindung kosten, Octavia mal auf einen Kaffee oder so einzuladen? Nur ein einziges Mal?«

»Octavia? Wenn ich mit jemandem aus der Buchhandlung ausgehen würde, dann mit …«

»Mona, ich weiß. Aber wissen Sie was, Tate? Nicht jeder kann das Mädchen mit dem Ententattoo kriegen.«

Am nächsten Samstag traf sich Tess mit William vor seinem Haus. Er hatte seinen Rucksack auf dem Rücken, sie trug ihren mit Carla Scout, die an ihrem Trinkbecher nuckelte, vor der Brust. Ihre Tochter war klein für ihr Alter, nicht einmal zwölf Kilo schwer, aber sie hatte trotzdem ordentlich an ihr zu schleppen.

»Lust auf einen kleinen Spaziergang?«

»Normalerweise gehe ich allein spazieren«, sagte William. Er war alles andere als froh über diesen gemeinsamen Ausflug und hatte erst eingewilligt, als Tate es ihm mehr oder weniger befohlen hatte.

»Danach können Sie wieder allein spazieren gehen. Aber erst möchte ich Ihnen etwas zeigen. Es sind fast drei Meilen von hier.«

»Das ist doch nicht weit«, sagte William.

»Auf dem Rückweg könnte Ihr Rucksack aber schwerer sein.«

»Das ist er oft.«

*Kein Wunder*, dachte Tess. Auch wenn Tate es nicht mitbekommen hatte, hatte William wahrscheinlich nie aufgehört, Bücher zu stehlen.

Sie gingen Richtung Süden los. Auch trotz der kahlen Bäume und des bedeckten Himmels hatte das Viertel seinen Reiz. Zu Tess' Überraschung bevorzugte William jedoch die lauten Durchgangsstraßen. Angesichts seiner Menschenscheu dachte sie, er wäre lieber auf wenig befahrenen Nebenstraßen und den weiten Rasenflächen des Stony Run Park unterwegs, der parallel zu ihrer Route verlief. Aber William blieb auf den verkehrsreichsten Straßen. Sie fragte sich, ob die vorbeikommenden Autofahrer bei ihrem Anblick dachten: Oh, jetzt hat der Walking Man eine Walking Woman und ein Walking Baby.

Er sagte nichts und erstickte jeden von Tess' Versuchen, ein Gespräch anzuleiern, im Keim. Er ging, als wäre er allein. Seine Miene war gefasst, sein Schritt stet. Sie konnte spüren, dass es ihm schwerfiel, sich nach ihr zu richten. Deshalb begann sie, ihm ihre Route, Abzweigung für Abzweigung, zu beschreiben, damit er ein paar Schritte vor ihr hergehen konnte. »Wir nehmen die Roland Avenue zum University Parkway und dann runter zur Barclay Street. Dort biegen wir dann links ab.« Nach Tess' Maßstäben legte er ein eher mäßiges Tempo vor, aber William ging nicht, um irgendwohin zu kommen. Er ging, um zu gehen. Er ging, um etwas zu tun zu haben. Laut Tate litt er an einer »bipolaren Störung mit Zwangsgedanken«, bei der die medikamentöse Einstellung extrem schwierig war. Seine Arbeit, wie William es nannte, schien ihn mehr als alles andere zu erden, weshalb Tate es ihm durchgehen ließ.

Etwa eine Stunde später kamen sie schließlich vor einem Haus aus blauen und rosa Betonziegeln an.

»Da wären wir«, sagte Tess.

»Was sollen wir hier?«

»Das werden Sie gleich sehen.«

Sie betraten ein Lagerhaus voll mit Büchern. Nicht nur irgendwelche Bücher – es waren lauter ungeliebte Bücher, wie William sie bezeichnet hätte, Bücher, die dieser einzigartigen Einrichtung gespendet wurden. The Book Thing nahm alle Bücher – unter einer Bedingung: dass sie an die, die sie haben wollten, kostenlos weitergegeben werden durften.

»Zehntausende von Büchern«, sagte Tess. »Alle umsonst, jedes Wochenende.«

»Gibt es eine Obergrenze?«, wollte William wissen.

»Ja«, sagte Tess. »Nur zehn auf einmal. Aber viel mehr könnten Sie wahrscheinlich sowieso nicht tragen, oder?«

Der etwas schrägen Website des Book Thing zufolge lag die Obergrenze bei 150000, aber in diesem Punkt hielt Tess es mit ihrer Tante: Die Leute schätzten die Dinge mehr, die ihnen nicht nachgeworfen wurden. Wenn William glaubte, er dürfte jede Woche nur zehn Bücher mitnehmen, bedeuteten sie ihm mehr.

Er ging an den Regalreihen entlang und ließ den Blick über die Buchrücken wandern. »Wie kann ich sie alle retten?«

»Immer zehn Bücher pro Woche«, sagte Tess. »Aber Sie müssen versprechen, dass Sie Ihre Bücher von jetzt an nur von hier … ähm … beziehen. Wenn Sie sich woanders welche beschaffen, dürfen Sie nicht mehr herkommen. Haben Sie das verstanden, William? Sind Sie damit einverstanden?«

»Irgendwie kriege ich das schon hin«, sagte er. »Diese Bücher brauchen mich ganz dringend.«

Er brauchte fünfundvierzig Minuten, um sich das erste Buch auszusuchen. *Manifold Destiny*, eine Anleitung, wie man auf seinem Automotor kochte.

»Im Ernst jetzt?«, sagte Tess. »Das ist ein Buch, das befreit werden muss?«

William bedachte sie mit einem mitleidigen Blick, als wäre sie eine hoffnungslose Banausin.

»Er hat fünf Stunden damit verbracht, seine zehn Bücher auszusuchen«, erzählte Tess Crow bei einem frühen Abendessen. Da Crow samstagabends arbeitete, aßen sie immer früh, um mehr Zeit miteinander verbringen zu können.

»Hattest du kein schlechtes Gewissen? Er wird doch nur alle Seiten rausreißen und sie zerstören.«

»Tut er das wirklich? Sie zerstören, meine ich. Oder macht er etwas Schönes, wie sein Bruder findet? Ich bin mir da nicht sicher.«

Crow schüttelte den Kopf. »Ein psychisch gestörter Mann, der zu Hause mit einer Schere Bücher zerschnippelt und mit dir und unserer Tochter, deren Mittelname Scout ist, spazieren geht. Und du hast die ganze Zeit keinen Boo-Radley-Witz gerissen?«

»Keinen einzigen«, sagte Tess. »Du machst das Bad. Ich den Abwasch.«

Aber sie wusch nicht ab, jedenfalls nicht sofort. Sie ging in ihre eigene Bibliothek, einen gemütlichen, von Regalen gesäumten Wintergarten. Hier hatte sie während ihrer Schwangerschaft viel Zeit mit Lesen verbracht, aber selbst in diesen drei Monaten des Rückzugs war es ihr nicht gelungen, die Zahl ihrer ungelesenen Bücher spürbar zu verringern. Sie war sich immer reich vorgekommen, weil sie so viele Bücher hatte, die noch gelesen werden mussten. Aber in den Augen von William sperrte sie sie ein. Und tatsächlich hatte außer Crow sonst niemand Zugang zu ihnen. War ihre Bibliothek so viel anders als die von William? Natürlich hatte sie ihre Bücher bezahlt – die meisten. Wie fast jeder Bücherliebhaber hatte auch Tess welche, die sie sich von Freunden geliehen und nie zurückgegeben hatte – genau so wie auch einige ihrer Lieblingsbücher in den Wohnungen von Freunden ihr Dasein fristeten, ohne jemals zu ihr zurückzukehren.

Sie griff nach ihrem iPad. Es waren nur siebzig Bücher darauf. *Nur.* Hauptsächlich Sachen, die sie für die Arbeit brauchte, aber auch ein paar Ratgeber, die versprachen, das Geheimnis von Kleinkindern zu lüften. Vierzig der siebzig Titel waren im wahrsten Sinn des Wortes unangetastet. Sie ging in Carla Scouts Zimmer, wo jetzt ein Poster von einem zottelbärtigen Mann hing, der in einem Bücherhaufen lebte: der Arnold-Lobel-Druck aus dem Children's Bookstore. Ein Honorar/Geschenk einer überglücklichen Octavia, die nicht wusste, wie Tess es geschafft hatte, dass ihre Bücher nicht mehr verschwanden, und erst recht nicht ahnte, dass ihr Schwarm etwas damit zu tun hatte. Und als Tess Carla Scout ins Bett brachte, blieb sie vor dem Poster stehen, las den Reim, der darauf stand, und fügte ihm einen eigenen hinzu:

»Könnte es etwas Schöneres geben, als in einem Haus aus Büchern zu leben?«

*Worauf es ankommt, ist, was in einem Buch steht.* Hier im Zimmer ihrer Tochter, das ebenfalls voller prall gefüllter Bücherregale war, musste Tess an eine Figur aus einer ihrer Lieblingsgeschichten denken. Die hatte das zu jemandem gesagt, der sich weigerte, die Bibel an einem heißen Sommertag als Fächer zu benutzen. Aber sie wusste nicht mehr, welche Geschichte das war. Hieß das, dass das Buch für sie aufgehört hatte zu leben? Der Titel, an den sie sich zu erinnern versuchte, war vielleicht neben allen anderen Lieblingsbüchern aus Tess' Kindheit in diesem Zimmer und wartete darauf, eines Tages von Carla Scout entdeckt zu werden. Und wenn sie sich nicht für sie interessierte und auf ihren eigenen Mythen und Legenden bestand, wie Octavia prophezeit hatte? Wie viele dieser Bücher wären in fünf, zehn Jahren vergriffen? Vergriffen sein, was hieß das in einer Welt, in der Bücher in elektronischen Geräten lebten, wo sie vor sich hin vegetierten wie eingesperrte Flaschengeister, die es kaum erwarten konnten, ihr Gefängnis wieder zu verlassen und den Menschen ihre Wünsche zu erfüllen?

Carla Scout kam mit feucht schimmerndem Haar und rosigen Wangen ins Zimmer gestürmt.

»Buh«, sagte sie. Das war ihr Wort für Buch, wenn es nicht ihr Wort für Ball oder vielleicht auch Ballon war. »Buh, bitte.« Sie war noch nicht einmal im Schlafanzug, nur in ihrer Windel und dem Kapuzenbadetuch. Tess musste sie mit dem Versprechen, ihr etwas vorzulesen, dazu bringen, ihren Schlafanzug mit den Füßlingen anzuziehen und ihre Spielsachen aufzuräumen. Wie lange würde sich ihre Tochter noch mit Büchern bestechen lassen? Würden sie wie der Kuschelhase ausgemustert, sobald andere, interessantere Spielsachen in ihrer Gunst stiegen? Würde ihre Tochter *Der kleine Kuschelhase* überhaupt lesen? William Kemper kam Tess plötzlich wesentlich weniger verrückt vor als Leute, die es schafften, in Häusern zu leben, in denen es gar keine Bücher gab.

»Heute Abend drei«, sagte Tess. »Such dir drei aus. Nur drei, Carla Scout. Eins, zwei, drei. Drei kannst du haben.«

Sie lasen fünf.

<br><br>

*Anmerkung der Autorin*

*The Book Thing gibt es tatsächlich, und die Öffnungszeiten und die Bestimmungen sind wie hier beschrieben. Aber sowohl der Children's Bookstore als auch alle Figuren sind meiner Phantasie entsprungen.*

# Tim Krohn

## *Wenn das Vieh spricht in der Christnacht*

Eigentlich mochte Margrith Schmid die Adventszeit. Die Menschen in den Straßen sahen dann so beseelt aus, fast jeder schien beflügelt vom Gedanken, einem anderen etwas Gutes zu tun. Die Bibliothek, in der Margrith arbeitete, wurde zwar immer leerer, je näher Weihnachten kam – das war etwas trostlos. Der Grund dafür war wiederum schön. In die Bibliothek geht man, um sich selbst etwas Gutes zu tun. Dazu hatte niemand mehr Zeit. Wer las, wer Bücher liebte, den fand man jetzt in den Buchhandlungen. Dort standen sich im Dezember die Menschen auf den Füßen herum. Bücher zu schenken hatte auch für Margrith Schmid eine besondere Schönheit. Für die Menschen, die man liebte, ein Buch zu finden, das sie nicht mehr aus der Hand legen mochten, das sie mit ins Bett nahmen und dessen Klang und Bilder sie für den Rest ihres Lebens begleiten würden, war erfüllender als alles andere.

Sie jedenfalls schenkte immer Bücher – oder hatte sie geschenkt. Denn die Nachbarin, mit der sie immer Weihnachten gefeiert hatte, Frau Marti, war vor einigen Jahren gestorben, und nach mehreren Personalwechseln in der Bibliothek hatte sie auch dort keine Freunde mehr. Nun feierte sie jeweils ganz für sich, indem sie wieder einmal Stifters »Bergkristall« las und ein bisschen darüber weinte, über das Glück, dass es solche Bücher gab, die auch beim zehnten und zwanzigsten Lesen nichts von ihrem Glanz verloren, und dass ein solches Buch den Weg zu ihr gefunden hatte. »Als sie auf den Anhöhen gingen, wo, wie gesagt wurde, zerstreute Bäume und Gebüschgruppen standen, fielen äußerst langsam einzelne Schneeflocken« – gab es eine schönere Art, Weihnachten zu begehen, als mit solchen Sätzen, die sie in der stillen Versunkenheit ihrer Zweizimmerwohnung in Zürich-Stettbach einmal las, ein zweites Mal, erst still, dann flüsternd, um den ganzen Klang auszukosten?

Lauter zu lesen traute sie sich nicht, denn die Wände im Mietsblock waren dünn, und sie war bei allem, was sie tat, darauf bedacht, keinen zu belästigen.

Doch so gesegnet sie sich in ihrem Heiligabend-Ritual fühlte, eine kleine Sehnsucht blieb. Einmal Weihnachten unter Menschen zu verbringen, und nicht zu zweit wie mit Frau Marti, sondern richtig im Getümmel, oder wenn nicht Weihnachten, dann doch die goldene Zeit davor. Aber war ein solcher Wunsch nicht wiederum ungehörig? Hatten Menschen wie sie solche Geselligkeit überhaupt verdient, Menschen, die so blass waren, so unnütz im Grunde, Menschen, deren Verschwinden so wenige überhaupt je bemerken würden?

Eines Tages im September brach sie zu einer zweitägigen Wanderung durchs Unterengadin auf, doch das Wetter spielte ihr einen Streich. Heftiger Schneeregen fiel, und hinauf in die Berge wagte sie sich nicht. Dafür entdeckte sie die Engadiner Dörfer neu und fand schließlich in Scuol, als letztes Haus am Stradun, der Geschäftsstraße im Zentrum, eine kleine Buchhandlung, in die sie sich sofort verliebte. Das schmale Giebelhaus stand recht gewagt auf einer Art Klippe, unter der brüllend ein steiler, vom tagelangen Regen bis zum Bersten gefüllter Bergbach niederschoss. Das Häuschen hatte schon bessere Tage gesehen, der Putz war vergilbt, die Spuren früherer Schriftzüge und Werbetafeln zeugten davon, wie schwer es sein mochte, an solcher Stelle ein Geschäft zu betreiben, dem Wetter und der Abgelegenheit zu trotzen. Desto mehr rührte Margrith die im Blau eines Vergissmeinnicht gehaltene Aufschrift über dem bescheidenen Schaufenster, von dessen Holzrahmen die Farbe blätterte, und der fast schon zwergenhaften Eingangsnische: *Chantunet da cudeschs.* Margrith verstand kein Romanisch, aber bestimmt bedeutete sie so etwas wie Schatzkästchen.

Kurz fürchtete sie, dass wie die früheren Gewerbe im Haus auch der Buchladen bereits wieder dichtgemacht hatte, denn die Bücher im altmodischen Guckkasten ums Eck waren schon sehr verblichen. Doch zu ihrer leisen Verwunderung ließ die Glastür sich öffnen, und mit einem Gefühl von Andacht und Dankbarkeit betrat sie den Laden. Die Auswahl der Bücher in den Regalen sprach ebenso wie die in den Fenstern von Liebe, nicht von Geld. Sie las geheimnisvolle und romantische Titel wie *sablun*, *In meinem Leben als Fuchs* und *Die Stumme* und streckte eben die Hand nach einem farbenfrohen Band *Proust im Engadin* aus, als eine Frau, die sie noch gar nicht wahrgenommen hatte, sich halb scherzhaft erkundigte: »Sie sind doch nicht etwa in die Clozza gefallen?«

Margrith drehte sich erschrocken um. »Wohin?«

Hinter der Theke stand eine Frau im schönsten Alter, mit vollem grauem Haar, das sie zum Pagenkopf geschnitten hatte, und Rollpulli, und zeigte lächelnd aus dem Fenster, hinter dem der Bergbach toste. Man hörte jetzt auch im Bachbett die Steine kollern. »Der Fußboden hält ziemlich viel aus, aber bevor Sie die Bücher anfassen, bitte ich Sie, doch die Jacke auszuziehen, die trieft nämlich.«

Margrith sah an sich hinab, wirklich rann das Wasser ihr in dünnen Fäden aus der Kleidung. »Verzeihung«, flüsterte sie und wollte den Laden in ihrer Scham gleich wieder verlassen.

Doch die Frau stellte sich ihr in den Weg, sie hatte auch bereits einen Bügel in der Hand, und während sie Margrith freundlich aus der Jacke half, erklärte sie leichthin: »Wenn Sie Proust mögen, habe ich hier eine wunderschöne Ausgabe seines legendären *Questionnaire*. Oder reizt Sie mehr das Engadin? Dann lesen Sie Leta Semadeni, Gianna Olinda Cadonau oder Flurina Badel. Nicht dass ich Ihnen nicht *Proust im Engadin* verkaufen wollte, doch diese Frauen leben noch und schreiben auch sehr schön.«

»Ach ja, kaufen …«, stotterte Margrith, daran hatte sie noch gar nicht gedacht. Sie wischte die klammen, von der Kälte geröteten Hände am Hosenboden ab, so gut es ging, denn die ganze Kleidung war durchnässt.

Dann gestand sie: »Ihr Laden ist für mich ein kleines Wunder.«

»Ja, das höre ich öfters. Ich kann auch nicht behaupten, dass ich davon lebe. Aber die Autorinnen tun es, jedenfalls manche.«

»Oh, ganz bestimmt kaufe ich etwas«, versprach Margrith, und dann rutschte ihr heraus: »Noch lieber aber würde ich verkaufen.«

»Oh, sind Sie etwa auch Schriftstellerin?«

Margrith wurde puterrot. »Nein, nur Bibliothekarin. Aber brauchen Sie nicht vielleicht eine Aushilfe? In der Weihnachtszeit, meine ich? Ich verlange auch kein Geld, nur vielleicht eine Pritsche, auf der ich schlafen kann. Wobei es auch eine Matte am Boden tut.« Sie wunderte sich über ihre eigenen Worte, die ihr so unkontrolliert entfahren waren wie ein Husten, und verging fast vor Scham, während die Buchhändlerin sie mit amüsiertem Lächeln musterte.

»Wirklich ohne Lohn?«, vergewisserte sie sich.

Margrith nickte schüchtern.

»Nun, versuchen können wir's.« Sie nahm Margriths Hand und schüttelte sie herzhaft. »Ich heiße Chatrina. In der Weihnachtszeit kann ich sogar sehr dringend Verstärkung gebrauchen. Und sei es nur, um Päckchen zu schnüren. Doch mach dich darauf gefasst, es wird hart.«

Als sie im Zug nach Zürich zurückfuhr, malte Margrith sich aus, dass sie die gesamte Adventszeit im Laden stehen würde. Doch obwohl offensichtlich war, dass die neue Bibliotheksleiterin, die halb so alt wie Margrith war, deren Pensionierung mit Freuden entgegensah, bewilligte sie ihr nur fünf Urlaubstage.

Diese fünf Tage hatten es dafür in sich. Die Kundschaft gab sich die Klinke in die Hand, und jeden Morgen brachte der Postbote neue Kisten voller Bücher, die ausgepackt, sortiert, katalogisiert und in die Regale gestellt werden mussten, von wo sie oft nur Stunden später wieder fortgetragen wurden, auf dem Ladentisch landeten, abermals verpackt und eingetütet wurden.

Auch in der Bibliothek gab es manchmal ein Gedränge, zum Beispiel, wenn ein Lehrer mit der ganzen Klasse kam und jeder Schüler sich drei Bücher ausleihen musste. Trotzdem war das kein Vergleich zum Getümmel des Chantunet da Cudeschs, auf dessen winziger Theke sich so unablässig neue Bücherstapel formierten, verschoben und mischten, dass Margrith nach fünf Minuten bereits alle Übersicht verloren hatte.

Vielleicht wäre sie verzweifelt, hatte Chatrina nicht schallend darüber gelacht. Sie kannte die Vorlieben ihrer Kundschaft und erkannte am Titel jedes Buches, das an der Kasse zwischenlagerte, wer es dort abgelegt hatte, um die Hände für weitere Einkäufe frei zu haben. Und wusste sie einmal auch nicht weiter, wer jenen *Chalender Ladin* oder dieses Großmütterkochbuch für sich gepachtet hatte, die sich inzwischen jemand anders vom Ladentisch schnappen wollte, rief sie – je nachdem, wer im Laden war, auf Romanisch oder Deutsch – in die Runde: »Achtung, der *Chalender Ladin*, den jemand hier deponiert hat, ist der Letzte und weckt Interesse. Meldet sich nicht jetzt, in dieser Sekunde, wer ihn da hingelegt hat, verkaufe ich ihn anderweitig. Zum Ersten, zum Zweiten …« Einzelne Bücher hätte sie tatsächlich teuer versteigern können, denn meist meldeten sich gleich mehrere Interessenten, doch das interessierte Chatrina nicht. Sie sagte dann: »Kein Buch ist unersetzlich, oder fast keines. Dieses hier ist ein Kleinod, wie es kein zweites gibt …« Und schon verkaufte sie das nächste.

Die ganzen fünf Tage über blieb sie die Ruhe selbst, Margrith bewunderte sie. Von morgens um neun bis abends um sieben stand Chatrina in ausgetretenen Pumps und Pullover im Laden, ernährte sich aus den Keksschachteln, mit denen sich die Verlage sich am Jahresende bei den Buchhändlern für die Zusammenarbeit bedankten, und schlürfte Salbeitee für ihre Stimmbänder. Denn sie musste ja pausenlos reden.

Einmal nur verlor sie ihre Leichtigkeit. Ein vielleicht sechzig, vielleicht siebzig Jahre alter Mann schob sich stumm durch die Menge zum Ladentisch vor. Stroh hing in seinem struppigen Bart, die abgetragene Faserpelzjacke roch nach Mist. Während er umständlich einen winzigen, vielfach gefalteten Zettel auseinandernestelte, nuschelte er: »Ich will das hier.« Dann entzifferte er: *»Der totale Widerstand. Kleinkriegsanleitung für jedermann.* Von Major von Dach.«

Chatrina sah ihn besorgt an. »Adrian, es ist Weihnachten. Wie wär's mit einem Gesangsbuch oder dem Bauernkalender? Für dich ergatterte ich auch noch ein letztes Exemplar vom *Chalender Ladin*.«

»Kalender gibt's gratis beim Bäcker«, murrte Adrian.

»Und singen tue ich nur in der Kirche. Bestellst du jetzt oder nicht? Ich kann auch ins Internet.«

Seufzend nahm sie ihm den Zettel ab und tippte in den Computer. »Ich kann dir nicht versprechen, dass es vor Weihnachten noch ankommt. Ich muss es direkt beim Verlag bestellen.«

»Hauptsache, es kommt.«

»Warte«, sagte sie, als er sich schon abgewandt hatte, griff in ein Körbchen auf der Theke und schenkte ihm eines jener Schokoladentäfelchen, die mit Engeln und einem literarischen Zitat geschmückt waren. Auf seinem stand: *Es gibt tatsächlich Leute, die Weihnachtsfeste veranstalten. Wie bizarr! Gustave Flaubert.*

Adrian packte achtlos die Schokolade aus, während er sich zum Ausgang kämpfte, und schob sie sich in den Mund. Chatrina und Margrith sahen ihm nach.

»Menschen wie ihn möchte man am liebsten umarmen«, sagte Chatrina, als er den Laden verlassen hatte. »Nur wer weiß, was man damit anrichten würde.« Dann kauerte sie hinterm Ladentisch nieder, zog einen Rest olivfarbenes oder vielmehr matschfarbenes Einschlagpapier hervor, rollte es, versah es mit einem Gummiband und einem Papierstreifen, den sogenannten »Fähnchen«, auf den sie Adrians Namen geschrieben hatte, und legte es ins Abholfächlein. »Er soll auch sein Päckchen haben«, sagte sie dazu.

Denn das Geschenkpapier, das Margrith aus Zürich mitgebracht hatte, einen dicken Packen, war für Adrian viel zu nett. Margrith liebte Geschenkpapier fast ebenso sehr wie Bücher, und weil sie so selten Gelegenheit hatte, es zu benützen, stapelte es sich bei ihr zu Hause. »Meine Mitgift«, hatte sie gesagt, als sie es Chatrina gezeigt hatte, abstrakte Muster, Puttenengelchen, klassisches Gold oder die ökologische Variante mit pflanzengefärbtem Recyclingpapier. Auch ihren gesamten kleinen Vorrat an bezaubernden englischen Mustern mit kleinen Lokomotiven, Mistelzweigen und adretten Kindern in Kniehosen und Kleidchen unter übermächtigen Weihnachtstannen spendete sie. »Die lassen wir aber nur im Verborgenen blühen«, sagte Chatrina andächtig. Das Papier verschwand zuunterst im Stapel, und Margrith packte darin die Vorbestellungen von Chatrinas bester oder auch nur liebster Kundschaft ein.

Das Packen der Päckchen war ganz in Margriths Hand. Sie beherrschte zwar keinen der Tricks, welche die Päckchen in den Läden so langweilig machen, das Binden über Eck, geschlitzte Bänder, zurückgefaltete Papierkanten in verwegenem Winkel oder wohldosierter Asymmetrie. Nein, sie band jedes Päckchen so, wie man es eben für seine Liebsten packt, mit charmanter Unperfektheit und sehr viel Liebe. Chatrina ging ihr nur manchmal zur Hand, wenn ein Knoten zu halten war, außerdem gab sie ihr, wenn die Kundin am Tisch auf ihr Päckchen wartete, insgeheim den entscheidenden Tipp, welches Papier Margrith wählen sollte, indem sie unauffällig mit dem Finger auf diese oder jene Rolle tippte.

Die teuren Bogen kamen erst nach Ladenschluss zum Einsatz. Nachdem Margrith noch schnell in den Volg gehuscht war, um sich ein Sandwich und einen Apfel zu kaufen, verriegelte Chatrina die Tür, und während sie sich stöhnend der Buchhaltung widmete, damit wenigstens ein Schein von Übersicht gewahrt blieb, packte Margrith die Bücher ein, die im Abholregal warteten.

Jetzt wurde kaum noch gesprochen. Margrith sagte nur etwa: »Ilona Caflisch verschenkt Brechts Liebesgedichte«, worauf Chatrina noch die Kalkulation abschloss. Dann sah sie flüchtig auf, noch leicht verwirrt, ließ die Worte sacken, nickte endlich und erklärte: »Das ist ohne Zweifel für Ilonas Mutter, die seit zwanzig Jahren Single ist. Da wollen wir nicht aufdringlich sein. Nimm das violette mit den goldenen Glöckchen.«

»Hans Meier, *Urmel aus dem Eis*?«

»Ist für Lino, er ist sechs. Unbedingt Raketen. Und viel, viel Schnur. Kinder wie er können gar nicht genug Schnur haben.«

Oder: »Cythia Küng verschenkt *Orlando* von Virginia Woolf.«

»In Guarda wichteln sie immer, da ist die Verpackung wichtiger als der Inhalt. Haben wir nicht noch etwas von diesem handgeschöpften Büttenpapier mit eingewirkten Silberfäden?«

Margrith zögerte. »Es ist nur ein Taschenbuch, und das Papier war teuer.«

»Du brauchst es nicht herzugeben. Andererseits ist *Orlando* einer der schönsten Romane der Weltliteratur, jedenfalls mit der schönsten Frauenfigur. Dafür, dass er ziemlich sicher ungelesen im leeren Bücherregal einer Ferienwohnung verstauben wird, sollten wir ihm wenigstens einen würdigen Abgang bereiten, findest du nicht?«

»Doch, natürlich, wenn man es so sieht …« Margrith liebte Chatrinas Sicht auf die Dinge.

So war es bald sieben Uhr. Schnell sahen sie gemeinsam durch, was noch einzupacken war, Chatrina wählte das Papier, dann eilte sie heim zu ihrer Familie. Die hatte sie auch noch.

Margrith packte weiter Päckchen – bis zehn oder elf Uhr nachts, sie liebte auch diese Stunden. Die Welt draußen war fast völlig verschwunden – nur ganz selten hörte sie die Sirene einer Ambulanz, das Krankenhaus lag etwas höher am anderen Ufer der Clozza. In der Stille der Nacht schien von den Büchern in den Regalen ein feines Murmeln auszugehen wie die Geräusche schlafender Kinder. Von Zeit zu Zeit knackte es im Gebälk, und immer mal wieder streifte Margrith ein zarter Lufthauch, so als wäre etwas vorbeigehuscht.

Waren alle Päckchen geschnürt, wieder mit ihren Fähnchen versehen und ins Abholfach zurückgelegt, spazierte sie noch etwas durch die Regale, strich mit den vom scharfkantigen Geschenkpapier zerschnittenen Fingerkuppen über so manchen Buchrücken und dachte verwundert an jenen Regentag im September zurück, an dem alles seinen Anfang genommen hatte – er schien ihr inzwischen weit unglaubhafter als vieles, was sie in guten Büchern gelesen hatte. Doch so ging es ihr oft im Leben. Spätestens, wenn die Uhr Mitternacht schlug, ging sie zu Bett, sie wollte ja anderntags ausgeruht sein. Sie schlief in einem schlecht geheizten Kämmerchen unterm Dach und fror manchmal, aber sie liebte es auch, weil sich nämlich morgens ihr Atem am Fenster als tausend Eisblumen wiederfand.

Und viel zu schnell war alles vorbei. Der vierundzwanzigste Dezember war noch wilder als die Tage davor. In gewissem Sinn aber auch ruhiger, denn es gab keine Bestellungen mehr zu machen. Wer im letzten Moment ein Geschenk ergattern wollte, musste mit dem vorliebnehmen, was im Regal stand. Natürlich war Chatrina in ihrem Element. Verlangte ein Kunde Martin Suters neuesten Fälscherroman, exakt und nur den, verließ er fünf Minuten später mit einem Engadin-Krimi beseelt den Laden. Kochliebhabern verkaufte sie teure Bildbände übers Bündner Volksgut, in denen Capuns und Maluns knapp Erwähnung fanden. All die sogenannten Ladenhüter, welche das Jahr hindurch in den Regalen und Auslagen geschlummert hatten, bekamen plötzlich ihre große Stunde – denn schließlich stimmten alle mit Chatrina überein, dass es hundertmal besonderer und erfüllender war, eine seltene, in Leinen gebundene Alpensage zu verschenken als einen der Bestseller, die in hohen Stapeln an jeder Kaufhauskasse lagen.

Neben jenen Kunden in letzter Minute kamen auch all die Heimkehrer in den Laden, die vielen Engadiner Töchter und Söhne, die inzwischen in den Städten im Unterland lebten und ihre Vorbestellungen abholen wollten. Dieses Jahr freuten sie sich ganz besonders über die hübschen Päckchen, und in ihrer Freude kauften sie gleich noch das eine und andere dazu. Sei es auch nur eines jener kitschigen Schokolädchen.

Gegen vier Uhr dämmerte es draußen, allmählich versiegte der Kundenstrom. Das Licht wurde blau, dann sprangen die Weihnachtsgirlanden an, die den Stradun überspannten. Kurz vor fünf Uhr verließ die letzte Kundin den Laden, Chatrina knipste die Schaufensterbeleuchtung aus und verriegelte die Tür.

Die Regale waren halb leer, im Abholfach dagegen lagen noch zwei Päckchen, das von Adrian und das eines Kindes, das telefonisch ein Rätselheft bestellt hatte. Chatrina kannte nur den Vornamen, Bigna.

»Was tun wir damit?«, fragte Margrith.

Chatrina zuckte unbekümmert mit den Schultern. »Wir haben unsere Pflicht getan«, erklärte sie und schloss die Kasse ab. »In zwei Minuten stehen Markus und die Kinder mit dem Auto draußen. Es soll tüchtig schneien, und wir wollen nicht unterwegs stecken bleiben.« Markus war Chatrinas Mann, und sie feierten wie jedes Jahr bei seinen Eltern in Pontresina. Davor wollten sie Margrith zum Bahnhof fahren, der oberhalb des Dorfs lag, und Margrith freute sich auch auf die lange Zugfahrt durch die stille, heilige Nacht.

Trotzdem sagte sie: »Wenn es dir nichts ausmacht, fahre ich erst morgen. Vielleicht ist jemand noch sehr froh um sein Päckchen.« Dass es ihr auch schwerfiel, so schnell Abschied zu nehmen, behielt sie für sich.

Chatrina hatte nichts dagegen, im Gegenteil. »Es heißt, zu Heiligabend fangen die Kühe in den Ställen an zu reden wie Menschen«, witzelte sie. »Ich bin gespannt, ob Bücher das auch tun. Du wirst mir davon erzählen.«

Dann hupte es auch schon draußen, Markus wartete bei laufendem Motor. Nun schneite es schon leicht. Die

Frauen umarmten sich, dann rannte Chatrina hinaus zum Auto.

Margrith ging ihr nach, blieb in der Tür stehen und winkte, bis sie die Rücklichter nicht mehr von all den Leuchten und Lampen in der Straße unterscheiden konnte, dann ging sie wieder hinein, schloss die Tür und setzte sich hinter den Ladentisch. Im Kegel der Straßenlaterne sah sie, wie der Schnee immer dichter fiel. Den Kopf auf die Arme gelegt, sah sie hinaus und war dankbar, dass sie hier sitzen durfte und in den vergangenen Tagen all dies Schöne erlebt hatte.

Dabei döste sie kurz ein, erwachte aber gleich wieder, als ein Krankenwagen vor dem Laden vorbeifuhr, setzte sich seufzend auf und wollte eben Stifters »Bergkristall« aus der Anoraktasche holen, um darin zu lesen, als es an die Scheibe klopfte. Nur war da niemand. Erst als sie, noch schlaftrunken, die Schaufensterbeleuchtung anknipste, entdeckte sie knapp oberhalb der hölzernen Schaufensterblende zwei schwarze Knopfaugen, die unter einer wuscheligen roten Zottelmütze hervorsahen, gleich darauf stieg wie ein flatterndes Vögelchen eine nackte, winkende Hand auf.

Margrith winkte zurück und öffnete ihr die Tür. »Bist du vielleicht Bigna?«

»*Hai*«, sagte das Kind. Margrith hatte in den letzten Tagen gelernt, dass das auf Romanisch »Ja« hieß. Dann fuhr das Mädchen auf Deutsch fort: »Bei uns drüben schneit es schon den ganzen Tag. Der Bus musste auf dem Pass Ketten montieren, und dann habe ich auch noch den falschen Zug genommen. Deshalb bin ich erst jetzt da.«

Margrith zog sie in den Laden, denn obwohl ihr selber die Luft draußen fast mild erschien, waren Bignas Hände und Lippen ganz blau. Sie konnte kaum älter als fünf oder sechs sein. »Was heißt ›bei uns drüben‹?«

»Bei uns in der Val Müstair«, erklärte Bigna.

Margrith sah auf die Uhr. Es war halb neun, sie hatte doch länger geschlafen als gedacht. »Fährt denn dorthin jetzt noch ein Bus?«, fragte sie besorgt. »Am besten rufe ich deine Eltern an, damit sie dich abholen.«

»Wir sind nur zu zweit.« Sie diktierte Margrith die Nummer.

Eine Frauenstimme meldete sich, ebenfalls mit: »*Hai?*«

Margrith sagte: »Sie haben sich bestimmt schon um Bigna gesorgt. Sie ist hier bei mir, in Scuol, im Buchladen. Sie wollte …«

»Nicht verraten«, rief Bigna und zupfte an Margriths Strickjacke. »*Id es üna surpraisa.*«

»Jedenfalls sollten Sie sie abholen«, fuhr Margrith fort. »Ich glaube nicht, dass noch ein Bus fährt, außerdem sollte ein Kind in ihrem Alter nachts …«

»Nein, Busse fahren um die Zeit tatsächlich nicht mehr«, unterbrach die Frau sie. »Aber ich habe kein Auto.«

Damit hatte Margrith nicht gerechnet. »Ja, was tun wir dann? Soll ich sie zur Polizei bringen?« Dann bemerkte sie, dass Bigna die Hand nach dem Hörer ausstreckte, und reichte ihn ihr.

Die beiden redeten Romanisch. »*Hai*«, war alles, was

239

Margrith erkannte, und mehrmals fiel das Wort »*damaun*«, das, wenn sie vom Französischen ableitete, womöglich »morgen« hieß.

Inzwischen hatte Bigna das Gespräch beendet und legte den Hörer auf die Theke. »Es ist gut, ich darf bleiben. *Mamma* und ich feiern morgen Weihnachten.«

»Wo bleiben?«, fragte Margrith irritiert.

»Na, hier bei dir. Ich bin ja klein, ich passe überallhin.«

»Und deine Mutter hat keine Angst um dich?«

Bigna zuckte mit den Schultern. »Sie sagt immer, ich bin ein wandelndes Rätsel, mich kann man unmöglich verstehen. Deshalb schenke ich ihr auch das Rätselbuch. Ist es überhaupt da?«

»Ja, ja.« Margrith zog das Päckchen aus dem Fach und hielt es ihr hin.

Aber Bigna interessierte sich mehr für das andere. »Wem gehört das?«

»Einem Bauer aus dem Dorf, er heißt Adrian.«

»Aus welchem Dorf, hier aus Scuol?«

»Ich glaube schon.«

»Na, dann nichts wie los.«

»Wohin?«

»Zu Adrian. Wir wollen doch Weihnachten feiern. Du hast hier ja gar keinen Weihnachtsbaum. Und wahrscheinlich nicht mal was zu essen.«

Tatsächlich hatte Margrith versäumt, etwas zum Abendbrot zu kaufen. »Wir haben tonnenweise Kekse«, versuchte sie es, denn sie hatte überhaupt keine Lust, noch nach draußen zu gehen. »Und für die Stimmung immerhin Teelichter. Na ja, elektrische.«

Bigna hatte gar nicht zugehört. Nachdem sie die Tür aufgestemmt hatte, rief sie: »Vergiss das Päckchen nicht«, und marschierte los, eine der Gassen zum Unterdorf hinab. Margrith holte eilig den Anorak und rannte ihr nach.

Der Schnee lag nun schon knöchelhoch, und es schneite weiter – daumengroße, wie Federflaum ganz gemächlich niederschwebende Flocken. Die Luft war weich und roch nach Heu und Zuckerplätzchen. Margrith nahm Bignas winzige Hand in ihre, und gemeinsam balancierten sie das vereiste Kopfsteinpflaster hinab. Hier war nicht gesalzen worden, der alte Schnee war festgetreten und glatt, und die eisigen Stellen waren vom Neuschnee verborgen.

Bigna rutschte zweimal aus, einmal zog sie Margrith mit sich, und sie lagen lachend im Schnee.

»Warum rutschen wir nicht bis unten auf dem Hosenboden?«, fragte Bigna und probierte es, aber dafür lag wieder zu viel Neuschnee. Irgendwie gelangten sie trotzdem ins alte Unterdorf mit seinen schiefen Häusern und krummen Pfaden, schlenderten die Hauptgasse entlang, die hier Rablüzza hieß, und waren ganz allein. Durch die wellig verworfenen Fensterscheiben sahen sie, wie in niedrigen Arvenstübchen ganz heutige Menschen beisammensaßen, zum Essen oder um Christbäume mit brennenden Kerzen, an einem Ort sogar Wunderkerzen herum. In einigen Stuben wurde gesungen, jemand spielte Geige.

»*Che bel*«, flüsterte Bigna ehrfürchtig.

»*Hai*«, antwortete Margrith. »Nur macht es nicht satt.« Inzwischen knurrte ihr Magen.

»Richtig«, sagte Bigna und klingelte ohne Umstände an einer Tür. Margrith sah nicht, wer öffnete. Die Gasse weitete sich hier zu einem Platz, und sie war beim Brunnen stehen geblieben, trat aus Verlegenheit, die Leute beim Feiern gestört zu haben, von einem Bein aufs andere und hörte nur, dass Bigna wieder Romanisch sprach. Einmal erhaschte sie den Namen »Adrian«, außerdem ein Wort, das wie das deutsche »Bauer« klang.

Als Bigna zurückkam, brach sie strahlend einen Lebkuchen in Hälften, gab Margrith ein Stück und zog sie mit sich. »Immer hier lang, hat sie gesagt, dann kommen wir automatisch zu seinem Hof.«

Nun, da der gröbste Hunger gestillt war, zögerte Margrith wieder. »Ich weiß nicht, ob wir das Richtige tun.«

»Aber wir bringen ihm doch nur ein Buch.«

»Aber was für eines!« Margrith hatte darin geblättert, als sie es eingepackt hatte.

»Wieso, was steht drin?«

»Es ist eine Anleitung zum Töten.«

Bigna zuckte mit den Schultern. »Das muss ein Bauer doch wissen. Not, mein Nachbar, tötet auch manchmal eine Kuh, wenn sie sich das Bein gebrochen hat. Und die Kälber und Lämmer werden geschlachtet.«

Margrith sagte nichts mehr.


Sie hatten das Dorf verlassen. Hier brannte keine Lampe mehr, nur der Schnee leuchtete, und in der Ferne gleißte kaltes, weißes Licht. Als sie näher kamen, erkannten sie, dass es ein Bauernhof war. Im Stall brannten Neonröhren, im Hof eine Flutlampe. Adrian war dabei, die Melkmaschine zu reinigen.

»Hallo«, sagte Margrith. »Ihr Buch ist angekommen.« Sie hielt ihm das Päckchen hin.

Adrian wischte die Hände an der Hose ab und stand auf. »Das hätte Zeit gehabt bis nach Weihnachten«, knurrte er. »Jedenfalls habe ich hier draußen kein Geld, da müssen Sie schon reinkommen.« Ohne sich umzusehen, ob sie ihm folgten, ging er über den Hof, die Hände in den Hosentaschen und so schief, als müsste er gegen den Wind angehen. Margrith trug ihm das Päckchen nach.

»Sollen wir die Schuhe ausziehen?«, fragte sie, als sie das Haus betraten.

Er lachte nur und ging in seinen Melkstiefeln weiter in die Stube. Die Birne an der Decke spendete kaum Licht. Am Boden waren Reste von Spannteppich verlegt, sie waren so speckig, dass Margrith erst geglaubt hatte, es wäre Linoleum.

Von einem Wandregal nahm Adrian ein Salznäpfchen und aus dem Näpfchen zwei Geldscheine. »Kostet das Einpacken extra?«, fragte er. »Dann ziehen Sie das gefälligst wieder ab, ich habe nicht darum gebeten.«

Margrith steckte zwanzig Franken ein und schob ihm den Rest zurück. »Nein, das kostet Sie nichts. Wir wollten Ihnen eine Freude machen.«

Währenddessen hatte Bigna Schuhe, Jacke und Mütze ausgezogen und war auf einen Stuhl geklettert.

»Was tust du da?«, fragte Margrith befremdet.

Aber Bigna überhörte sie. »Du hast ja auch keinen Christbaum«, sagte sie enttäuscht zu Adrian.

»Wozu auch?«, brummte er.

Margrith konnte sich nicht verkneifen einzuwerfen: »Ein Christbaum richtet jedenfalls weniger Schaden an als solche Bücher.«

Adrian starrte sie wortlos an, dann bellte er: »Sie müssen ja nicht hier wohnen. Achtzehn Kilometer von hier beginnt das Ausland, wussten Sie das? Und jetzt schon werden wir jeden Tag überrannt von Russen, Italienern, Deutschen. Das sind alles Faschisten. Stalinisten und Faschisten. Es ist nur eine Frage der Zeit, bis sie die Armee aufbieten. Und wer rettet dann unser Land? Die in Zürich oder Bern? Die Bonzen und Klugscheißer? Die können ja keine Maus mehr töten, ohne in Tränen auszubrechen. Vergiften die Welt mit ihren SUVs, ihren auf sechsundzwanzig Grad geheizten Chalets und ihren Shoppingreisen, und uns wollen sie verbieten, Kühe zu halten. Harmlose Kühe. Ich sage Ihnen, die Welt ist aus dem Lot. Und retten werden *wir* sie, nicht ihr, wir, die Hinterwäldler. Weil wir noch wissen, wie man anpackt. Und der Tag wird kommen, an dem Sie wieder hierherkommen werden, um Danke zu sagen.«

Er blitzte Margrith unter seinen struppigen Augenbrauen hervor an und schien darauf zu warten, dass sie ging.

»Alles schön und gut«, fuhr Bigna dazwischen und baumelte mit den Beinen, »aber was tun wir ohne Christbaum?«

Margrith beschloss, sich zu ihr zu setzen, und sei es auch nur aus Trotz. »Ja, stimmt, mit einem Christbaum wäre es netter.«

Adrian putzte sich mit einem großen Stofftaschentuch die Nase, dann machte er kehrt, holte aus der angrenzenden Küche zwei Schnapsgläschen und eine Flasche Enzian, stellte sie vor die beiden hin und verließ die Stube.

Bigna kicherte. »Geht er jetzt wieder in den Stall und lässt uns hier allein?«

Margrith goss die Gläschen voll und stand auf, um Bigna ein Glas Wasser zu holen. »Ich habe nicht die leiseste Ahnung«, sagte sie, als sie zurückkam.

Als Adrian zwei Minuten später wiederkehrte, hielt er in der einen Hand einen geschälten, unvollständig entasteten Prügel, den Margrith erst für eine Antenne, dann für eine Art Schlagkeule hielt, bevor ihr einfiel, in alten Büchern über Sennerei solche Geräte abgebildet gesehen zu haben, es war eine Art Schwingbesen, groß genug für einen Käsekessel. In der anderen trug Adrian einen Blumentopf mit einer verdorrten Geranie. Die riss er aus und warf sie in den Ofen, danach steckte er den Schwingbesen in den Topf und verschwand wieder. Das nächste Mal kehrte er mit einer Handvoll Putzwolle oder Rosshaar, einer Dose mit der Aufschrift *Melkfett*, Schnur und einer Nähschatulle wieder. Ohne auf Margrith und Bigna zu achten oder etwas zu erklären, setzte er sich an den Tisch, zog aus der Tischschublade eine Schere und Sekundenkleber, kramte in der Schatulle und reihte fünf vernickelte Fingerhüte vor sich auf. Dann schnitt er von der Schnur fünf kurze Stücke ab, die er mit Melkfett einrieb und je in einen Fingerhut steckte. Die Fingerhüte füllte er mit Melkfett und klebte sie mit Sekundenkleber an den Schwingbesen.

Dabei schien ihm endlich einzufallen, dass er nicht allein war. »Das ist ein Käsebrecher«, nuschelte er in seinen Bart. »Oder *war* ein Käsebrecher. Die EU hat sie nämlich verboten. Den hier habe ich mir in jungen Jahren selber aus einem Ast geschnitzt. So was hält ein Leben lang. Und er war viel besser als die neuen aus Metall.«

Um die Fingerhüte anzukleben, war er wieder aufgestanden. Nachdem er das Rosshaar drapiert hatte, als wäre es Lametta, betrachtete er kritisch sein Werk, schob endlich den Blumentopf in die Tischmitte, ließ sich auf den Stuhl fallen, kippte eines der Schnapsgläschen und fragte unerwartet forsch: »Und? Zufrieden?«

Margrith war plötzlich wieder von guter Laune gepackt. »Sehr«, sagte sie und leerte ebenfalls immerhin das halbe Glas.

Nur Bigna sagte: »Na ja ... Wo bleibt das Festessen?«

Abermals blickte er erst nur finster, dann stand er so heftig auf, dass der Stuhl rumpelnd bis zur Wand zurückglitt, und stapfte mit seinen schweren Melkstiefeln in die Küche. »Wie viele Gänge?«, rief er zurück, und sie sahen, dass er aus einer großen Dose Instantsuppenpulver in Tassen löffelte und heißes Wasser aus dem Hahn dazugab.

Bigna sagte: »Drei bitte.«

Er schnippelte noch etwas Käse in jede Tasse, wischte in einer plötzlichen Eingebung die Krumen in der Brotlade zusammen und streute sie über die Suppe. Bevor er auftrug, setzte er einen großen Topf Wasser auf den Herd. Was noch darin war, konnten sie nicht erkennen, sie hörten nur, dass es sonderbar schepperte.

Endlich stellte Adrian den Stuhl zurück an den Tisch,

verteilte die Tassen, setzte sich und schlürfte laut. Dazwischen fragte er: »Braucht jemand einen Löffel? Ich habe nur einen.«

Sie kicherten.

»Nein, nein«, sagte Margrith. Dann schlürften sie auch.

Selbst Adrian konnte ein Lachen nur verbergen, indem er wieder aufstand, um ein Feuerzeug zu holen. Nachdem er die Dochte am Baum angezündet hatte, stellte er sich wieder an den Herd und lüftete das Geheimnis: zwei Dosen Ravioli, die er fluchend mit bloßen Händen aus dem kochenden Wasser zog und, weiter fluchend, weil er sich wohl noch mehrmals verbrannte, öffnete. Dass Margrith ihm riet, ein Geschirrtuch zur Hilfe zu nehmen, überhörte er.

Aus beiden Büchsen löffelte er je einige Ravioli in ein abgestoßenes Geschirr, das aussah wie ein ausgedienter Hundenapf. Sowohl in die beiden Dosen wie in den Napf schnippelte er abermals etwas Käse, dann servierte er. Jetzt kam auch das Geschirrtuch zum Zug, er trug es elegant über dem Arm. Bigna bekam den Napf und den Löffel, Margrith und er die beiden Dosen. Margrith durfte mit der Gabel essen, Adrian selber benutzte dazu das Klappmesser und schien es gewohnt zu sein.

Sie aßen schweigend, und alle aßen auf. Als Adrian das sah, holte er noch einen Kanten Brot und riss ihn in Stücke, damit sie die Soße auftunken konnten. Endlich lehnten sie sich ächzend zurück, und Margrith erlaubte sich, noch zwei Enzian einzuschenken.

Bigna sagte kichernd: »Jetzt bin ich gespannt, was es zum Nachtisch gibt.«

»Ich auch«, sagte Adrian, bevor er sich wieder hochstemmte und kurz das Haus verließ. Zurück kam er mit einem kleinen blechernen Milchgeschirr. In der Küche hörten sie ihn mit dem Mixer hantieren, dann sammelte er am Tisch die Suppentassen ein, schwenkte sie unter dem Wasserhahn kurz aus und servierte darin den Nachtisch: Schlagsahne. Für Margrith und sich hatte er darauf ein paar Krümel Instantkaffee drapiert.

»Natürlich von meinen eigenen Kühen«, betonte er.

Wieder taten sie es Adrian nach, der die Schlagsahne mit dem kleinen Finger löffelte. Sie hatten weiterhin kaum gesprochen. Margrith gefiel das. In ihrem Alltag fühlte sie sich viel zu oft genötigt zu sprechen, wo es nichts zu sagen gab. Erst nachdem Bigna ihre Tasse wie ein Kätzchen ausgeleckt und Adrian abgedeckt hatte, fragte Margrith sie: »Fällst du nicht bald vor Müdigkeit unter den Tisch?«

»Kann schon sein«, sagte Bigna. »Aber wie machen wir das mit den Geschenken?«

Gerade kam Adrian in die Stube zurück. »Ich habe nichts«, erklärte er wie aus der Kanone geschossen.

»Ich auch nicht«, sagte Bigna. »Außer einem Rätselbuch, aber das brauche ich für Mama. Außerdem ist es oben im Laden.«

Margrith brauchte nur eine Sekunde, um nachzudenken. »Warum wichteln wir nicht? Kennt ihr Wichteln? Jeder wirft ein Geschenk in die Runde und darf dafür eines ziehen. Bigna, schlage ich vor, gibt ihr Rätselbuch und zieht es auch wieder, dafür muss sie es nicht bezahlen. Adrian stiftet seinen Kriegsratgeber, ich mein Lieblingsbuch. Es ist schon ziemlich zerlesen, dafür könnte es passender nicht sein, es spielt nämlich in der Weihnachtsnacht.« Aus der Tasche ihres Anoraks zog sie eine zerfledderte Reclamausgabe von Stifters »Bergkristall« und legte sie unter den Christbaum.

Dessen Lichter waren inzwischen niedergebrannt. Adrian sagte nichts zu ihrem Vorschlag, sondern schnitt in aller Ruhe neue Dochte, füllte Melkfett nach und zündete die Lichter wieder an.

Margrith wurde ungeduldig. »Was nun? Ja oder nein?«

Bignas Aufmerksamkeit war ganz bei Adrian gewesen. Jetzt vergewisserte sie sich: »Dann darf ich mein ganzes Geld behalten? Alles, was ich für das Heft gespart habe? Und das Heft bekomme ich trotzdem?«

Sie erhielt keine Antwort, weil gleichzeitig Adrian murrte: »Was, ich soll ein fabrikneues Buch eintauschen gegen dieses Heftchen, das aussieht, als hätte es eine Kuh in der Schnauze gehabt? Worum geht es darin?«

»Um zwei Kinder, die sich im Schnee verirren«, antwortete Margrith. »Ja, Bigna, du darfst dein Geld behalten. Und Adrian seines meinetwegen auch.« Sie zog die Zwanzigernote hervor und schob sie ins Reclambüchlein.

Adrian wollte aber noch mehr wissen. »Wie geht es denn aus? Krepieren sie? Man krepiert sehr leicht da draußen, besonders Kinder.«

Margrith merkte, dass ihr vom Enzianschnaps die Wangen glühten. »Nein, sie haben einen Schutzengel, sie werden gerettet. Das Schönste ist aber etwas anderes. Ihr müsst wissen, die Kinder waren unterwegs von der Großmutter nach Hause, der Weg führt über einen Pass aus einem Bergtal ins nächste. Im Tal der Großmutter sind sie die Fremden, im anderen Tal sind sie zu Hause. Die Leute in den beiden Tälern mögen einander nicht. Jeder, der nicht aus dem eigenen Tal kommt, ist ihnen fremd. Bis zu dem Tag, an dem die Kinder eingeschneit werden. Um sie zu suchen, tun sich die Leute aus den beiden Tälern notgedrungen zusammen, und dabei merken sie, dass sie sich eigentlich überhaupt nicht fremd sind. Gemeinsam haben sie die Kinder gerettet, und das verbindet sie.«

Nachdem Margrith erzählt hatte, setzte Adrian mehrmals zu einer Bemerkung an, vermutlich wollte er spotten. Aber er tat es nicht. Und als Bigna ihm endlich das Büchlein zuschob, murmelte er: »Meinetwegen«, nahm das Geld aus dem Buch, faltete es und stand auf, um es zurück ins Salzfässlein zu tun. Stifters »Bergkristall« legte er ebenfalls aufs Regal, dann gab er Margrith das schlammfarbene Päckchen, um das sie braunes Kreppband zu einer doppelten Schleife gebunden hatte.

Bigna klatschte vor Vergnügen, hüpfte vom Stuhl und sagte zu Margrith: »Jetzt müssen wir nur aufpassen, dass wir uns nicht auch verlaufen.«

»Ich fahre euch natürlich«, nuschelte Adrian und war bereits aus der Tür.

Als Margrith mit Bigna in den Hof kam, fuhr er schon mit einem kleinen feuerroten Traktor vor. Damit brachte er sie bis vor die Ladentür. Obwohl er nicht besonders schnell fuhr, schienen die Schneeflocken durchs Scheinwerferlicht zu peitschen, und Margrith und Bigna zo-

gen die Kragen weit übers Gesicht. Bigna jauchzte vor
Vergnügen, bis sie einmal fast vom Traktor fiel, weil sie
beide Hände am Kragen gehabt und sich nicht festgehalten hatte.

Als sie den Stradun erreichten, ließ Adrian den Motor
laufen, sprang vom Fahrersitz und hob Bigna vom Traktor, dann bot er auch Margrith ungeschickt die Hand an.

»Drinnen hätten wir Kekse«, bemerkte sie.

Aber Adrian musste andertags um fünf Uhr schon
wieder im Stall sein, und dann wurden sie auch unterbrochen, weil Bigna im Stehen einschlief und er sie gerade
noch auffangen konnte. Während er sie in den Laden
trug, eilte Margrith noch heimlich zur Bushaltestelle, die
nur ein paar Meter entfernt war und auf der ein Mülle-
mer stand, und warf ihr unseliges Wichtelgeschenk fort.
Dann folgte sie Adrian in den Laden und stieg in ihr
Kämmerlein, um für Bigna Kissen und Decke zu holen.
Als sie wiederkam, sah sie von Adrians Traktor nur noch
die Schwaden des Auspuffs im Licht der Rückleuchten.

Sie deckte Bigna zu – Adrian hatte sie einfach zwischen
zwei Regale gelegt – und setzte sich nochmals hinter den
Ladentisch. Endlich wollte sie sich *Proust im Engadin*
widmen – das Buch war zu ihrer Verwunderung bis zuletzt nicht verkauft worden. Schöner war es dann aber
doch, nur die Arme auf der Tischplatte zu verschränken
und den Kopf darauf zu betten, um durchs Fenster zuzusehen, wie die Schneeflocken wieder so überaus sanft
und schwerelos niedersegelten, und sich über den ver-
brachten Abend zu wundern.

Dabei schlief sie auch diesmal ein, und offenbar schlief

sie sehr lange. Denn als sie erwachte, war es schon Tag. Bigna war fort. Das Rätselbüchlein hatte sie mitgenommen, das Bettzeug sauber gefaltet an den Fuß der Treppe gelegt.

Margrith war etwas traurig, dass es so gar keinen Abschied gegeben hatte, und es gelang ihr auch nicht, die Nummer von Bignas Mutter im Telefon wiederzufinden – mit technischen Apparaten war sie noch nie gut zurechtgekommen. Sie aß zwei Kekse und lauschte ein Weilchen der Stille des Weihnachtsmorgens, doch es war nicht mehr dasselbe. Und nachdem sie noch etwas aufgeräumt und Chatrina ein Dankesbriefchen geschrieben hatte – nicht ohne zu betonen, wie überaus gern sie im nächsten Jahr wiederkommen wolle –, stieg auch sie empor zum Bahnhof und nahm den Zug zurück ins Unterland.

# P. G. Wodehouse

## *Genau was ich mir gewünscht hatte*

Mit dem Nahen der Weihnacht scheint sich jedes Jahr ein neuer Geist auf die Gemeinde herniederzustehlen, ein Geist von Fröhlichkeit und gutem Willen. Untere Angestellte von Hotels, Restaurants und anderen Piratennestern lächeln ölig angesichts unseres Kommens. Unsere Verwandten im fernen Westen schreiben uns lange geschwätzige Briefe über das liebe alte Leben in der Heimatstadt, die nun so weit, und spekulieren Abende lang im Halbkreis um den Kamin, für wie viel wir gut sind und ob es wirklich weise war, den ältesten Sohn auf den bloßen Verdacht hin mit unserem Vornamen zu behindern.

Unsere Freunde grüßen uns auf der Straße mit »Na! Bald ist wieder Weihnachten!« und notieren derweil im Gedächtnis das Gelübde, sich, bevor sie wissen, welche Sorte Geschenk wir ihnen verpassen, eher hängen zu lassen, als für uns über £ 1,10 zu gehen. Überall sieht man ihn, diesen leutseligen, Dickens'schen, herzhaften Friede-und-Wohlgefallen-und-die-ganze-Richtung-Geist. Stechpalme hängt an den Wänden. O du fröhliche! O du fröhliche! Unter diesen Umständen ziemt es uns, gewappnet zu sein. Es hat keinen Sinn, sich vorzustellen, wie jeder es sich in seinen optimistischeren Gemütslagen vorgestellt hat, der Kreis der Familie würde Äußerungen des Bedauerns und Geschichten von Paketen, die auf der Post verloren gegangen seien, akzeptieren.

Das haben Sie, wenn Sie sich erinnern, bereits im letzten Jahre angewandt, und es ist nichts, was zweimal klappt. Nein, Geschenke müssen gekauft werden, und das Einzige, was man machen kann, ist, so billig wie möglich davonzukommen. Die erste Regel beim Kaufen von Weihnachtsgeschenken lautet, dass man etwas Glänzendes aussucht.

Wenn das gewählte Objekt aus Leder ist, muss das Leder aussehen, als wäre es soeben gründlich eingefettet worden; wenn es aus Silber ist, muss es in ebenjenem Lichte erstrahlen, welches, wie der Dichter so treffend sagt, auf See nicht, nicht an Land je zu erblicken war. Deshalb sind Bücher so beliebt. Es existiert wahrscheinlich nichts, was so sehr glänzt wie eine Werkausgabe von Longfellow, Tennyson oder Wordsworth.

Ich sah, wie eine Stubenfliege sich auf der Rückseite einer Weihnachtsausgabe von Rabindranath Tagore niederließ, die ich meinem Onkel James geschenkt hatte, die gesamte Länge des Bandes entlangrutschte, schließlich mit unglaublicher Geschwindigkeit abhob, gegen die Wand flog und dort das Bewusstsein verlor. Viele schlaue Menschen verstreuen tatsächlich in ihren Arbeitszimmern Bücher, die ihnen zur festlich-frohen Julzeit angehängt wurden, aus keinem anderen Grund als dem, der Bekämpfung jener Fliegen, zu deren Totklatschen niedere Dienstboten ohne Ergebnis abkommandiert waren, Vorschub zu leisten.

Man kann sie außerdem als Spiegel verwenden.

Mein einziger Einwand gegen die Sitte, Bücher zu Weihnachten zu verschenken, ist der vielleicht egoistische, dass sie eine ganze Anzahl von Schriftstellern ermuntert und bei der Stange hält, die viel besser dran wären, wenn sie die Feder Feder sein ließen und eine geregelte Arbeit aufnähmen.

Verleger verlassen sich auf die Weihnachtszeit, weil sie ihnen dabei hilft, all diese klobigen Bände loszuwerden, die sie während der letzten zwölf Monate in Intervallen verlegt haben, um der Verwandtschaft ihrer Gattinnen gefällig zu sein.

Eine umsichtigere Einstellung seitens der Öffentlichkeit, was das Schenken betrifft, würde nahezu augenblicks den Verkauf solcher Werke wie *Weniger bekannte Zufluchtsstätten des sibirischen Aalgeiers, Vergessene Spaziergänge durch das alte Hoboken, Die Vogelwelt am Unteren Mississippi* und dergleichen beenden.

# Joachim Ringelnatz
## *Über ein Buch hinweg …*

Es ist eine Kälte, dass Gott erbarm!
Klagte die alte Linde,
Bog sich knarrend im Winde
Und klopfte leise mit knorrigem Arm
Im Flockentreiben
An die Fensterscheiben.
Es ist eine Kälte! Dass Gott erbarm!
Drinnen im Zimmer war's warm.
Da tanzte der Feuerschein so nett
Auf dem weißen Kachelofen Ballett.
Zwei Bratäpfel in der Röhre belauschten,
Wie die glühenden Kohlen
Behaglich verstohlen
Kobold- und Geistergeschichten tauschten.
Dicht am Fenster im kleinen Raum
Da stand, behangen mit süßem Konfekt,
Vergoldeten Nüssen und mit Lichtern bolsteckt,
Der Weihnachtsbaum.
Und sie brannten alle, die vielen Lichter,
Aber noch heller strahlten am Tisch
(Es lässt sich wohl denken
Bei den vielen Geschenken)
Drei blühende, glühende Kindergesichter. –

Das war ein Geflimmer
Im Kerzenschimmer!
Es lag ein so lieblicher Duft in der Luft
Nach Nadelwald, Äpfeln und heißem Wachs.
Tatti, der dicke Dachs,
Schlief auf dem Sofa und stöhnte behaglich.
Er träumte lebhaft, wovon, war fraglich,
Aber ganz sicher war es indessen,
Er hatte sich schon (die Uhr war erst zehn)
Doch man musste 's gestehn,
Es war ja zu sehn,
Er hatte sich furchtbar überfressen. –
Im Schaukelstuhl lehnte der Herzenspapa
Auf dem nagelneuen Kissen und sah
Über ein Buch hinweg auf die liebe Mama …

# Nachweis

Hans Fallada
*Familienbräuche.* Aus: Hans Fallada, *Damals bei uns daheim*, Berlin 1941. Von Hans Fallada ist im Kampa Verlag in der Reihe Gatsby Originals der Roman *Kleiner Mann – was nun?* erschienen, in Leinen gebunden und in der Aufmachung der Erstausgabe von 1932 mit den Einbandzeichnungen von George Grosz.

Jostein Gaarder
*Das Weihnachtsgeheimnis.* Auszug aus: Jostein Gaarder, *Das Weihnachtsgeheimnis.* Aus dem Norwegischen von Gabriele Haefs. Copyright © 2013 by Carl Hanser Verlag GmbH & Co. KG, München.

Nina George
*Das Glasmesser.* Aus: Anne Tente (Hrsg.), *Weihnachtsherzen.* Copyright © 2014 by Nina George. Abdruck mit freundlicher Genehmigung der Autorin.

Petra Hartlieb
*Weihnachten in der wundervollen Buchhandlung* (Titel von der Herausgeberin). Auszug aus: Petra Hartlieb, *Meine wundervolle Buchhandlung.* Copyright © 2014 by DuMont Buchverlag, Köln.

*Wie alljährlich, so breiten wir auch heuer für unsere Leser die Gaben der deutschen Literatur auf den Weihnachtstisch aus, damit jeder sich für die kerzenflimmernde Tanne das aussuchen möge, was ihm besonders am Herzen liegt.*

Kurt Tucholsky

OKTOPUS VERLAG

## *Nichts als Weihnachten im Kopf*

Geschichten und Gedichte
Ausgewählt von Céleste Blum
Illustriert von Nikolaus Heidelbach

Was wäre Weihnachten ohne all die
Traditionen, Rituale und Marotten?

Für die einen muss es Karpfen sein, andere schwören auf
die Weihnachtsgans. Lieb gewonnene und mitunter auch
nervige Rituale müssen sein, denn erst sie machen die Weihnachtszeit zur schönsten / schlimmsten Zeit des Jahres.

Nichts als Weihnachten im Kopf feiert die Vorfreude aufs
Fest, den Adventskranz, das Krippenspiel, den Weihnachts-
markt mit Glühwein, den Wunschzettel, bis es endlich Zeit
für die Bescherung ist und sich viele in den Armen liegen
und ein paar auch in den Haaren.

Meisterhaft in Geschichten und Gedichten von Joachim
Ringelnatz bis Jonathan Franzen. Mit 60 Illustrationen von
Nikolaus Heidelbach.

»Heidelbachs doppelbödige Bildwelten
sind eine Klasse für sich.«
*NZZ am Sonntag*

KAMPA VERLAG

Laura Lippman
*Wenn niemand nach dir sucht*

Roman
Aus dem amerikanischen Englisch von
Kathrin Bielfeldt und Jürgen Bürger

Schon vor acht Monaten ist Cleo Sherwood verschwunden. Abgesehen von ihren Eltern und ihren beiden Söhnen scheint sich niemand darum zu scheren. Im Jahr 1966 interessieren sich weder Polizei noch Öffentlichkeit oder Presse für eine schwarze Frau, die als vermisst gilt. Madeline »Maddie« Schwartz, die als Redaktionsassistentin beim *Baltimore Star* arbeitet, hat sich erst vor Kurzem von ihrem Mann getrennt und klare Vorstellungen von ihrer Zukunft: sich nicht länger nur darum kümmern, dass ihr Haushalt streng koscher ist, endlich sich selbst verwirklichen – und den eigenen Namen unter ihren Artikeln lesen. Als Maddie von einer Frauenleiche hört, die im Brunnen eines Parks gefunden wurde, wittert sie die Story ihres Lebens. Ihr Ehrgeiz ist geweckt. Sie ahnt nicht, wie viel Ärger ihr diese Geschichte einbringen wird – eine Geschichte, die niemand hören will.

»Laura Lippman zeigt, was Frauen in den
sechziger Jahren zu sein hatten und was sie sein wollten,
in Zeiten, die alles andere als rosig waren. Ein besonderer,
ein außerordentlicher Roman.«
*Stephen King*

KAMPA VERLAG

Astrid Rosenfeld
*Kinder des Zufalls*

Roman

»Ich traf sie auf den Straßen von Myrthel Springs.
Etwas Fremdes färbte ihre Worte.«

Wie viel Unglück verträgt das Glück? Was tun, wenn sich das
Leben immerzu im Kreis dreht? Die halbe Welt liegt zwischen
Maxwell und Elisabeth. Der Zufall führt sie zusammen und
an einen mystischen Ort in der texanischen Wüste. Sie wissen
nichts voneinander und erkennen sich sofort. Der amerikani-
sche Cowboy, der kein Cowboy mehr ist, und die deutsche
Tänzerin, die nicht mehr tanzen kann. In sich tragen sie die
Geschichten ihrer Mütter, Geschichten, die vom Streben nach
Liebe, Wahrheit und Geld erzählen, von kleinen und großen
Wundern, von Verlusten in Zeiten des Krieges und des Frie-
dens. Wie ein unsichtbares Band verbinden all diese Geschichten Maxwell und Elisabeth miteinander.

»Ein Roman voller Lebens- und Liebesgeschichten.«
*Christine Westermann / WDR*

KAMPA VERLAG

Dino Minardi
*Ein Espresso für den Commissario*
*Pellegrinis erster Fall*

Kriminalroman

Ein Fall für einen starken Espresso:
Commissario Pellegrini und der tote Student

Commissario Marco Pellegrini hatte sich auf die ersten warmen Frühlingstage gefreut. Zu gern hätte er in Ruhe den einen oder anderen *caffè* in der Bar des Familienbetriebs genossen, ehe die Touristenmassen an den Comer See strömen. Denn dann ist es auch bei der Polizia di Stato mit der Ruhe vorbei. Doch die Realität holt ihn früher ein als erwartet: Ein Student wird in seiner völlig verwüsteten Wohnung aufgefunden – erwürgt. Schnell zeigt sich, dass der Tote über außerordentlich viel Geld verfügte, das weder von seinen halblegalen Vermietungsgeschäften noch von seinem dubiosen Nebenjob kommen konnte. Woher hatte er so viel Geld? Und wurde er deswegen ermordet? Commissario Pellegrini übernimmt den Fall, wird bei den Ermittlungen aber nicht nur mit seiner eigenen Vergangenheit konfrontiert, sondern muss auch noch lästige Streitereien in seinem Team schlichten.

»Der Comer See ist der schönste Ort der Welt.«
*George Clooney*